El Evangelio segun Ester

Un breve comentario del libro de Ester

V.M. Juliao

WESTBOW
PRESS®
A DIVISION OF THOMAS NELSON
& ZONDERVAN

Indice

Prefacio

El propósito de escribir este comentario sobre el libro de Ester es de demostrar como Dios encubre en Su Palabra mensajes y doctrinas las cuales abiertamente enseñan los apóstoles en el nuevo testamento. Aunque a simple vista estas historias que encontramos en el antiguo testamento parecen ser solamente eso, historias nada más, en realidad contienen entre sus páginas y relatos, realidades espirituales encubiertas las cuales Dios ha intencionalmente puesto en ellas. La Biblia misma nos indica que; **Es gloria de Dios encubrir una cosa, pero la gloria de los reyes es investigar un asunto. (Proverbios 25:2 LBLA)** La Palabra de Dios está llena de estas verdades encubiertas, entre tejidas en las historias dentro del antiguo testamento, la ley, los salmos y los profetas. Ejemplos son los cuales el Señor Jesucristo dio al citar los como referencias a si mismo; **porque como ESTUVO JONAS EN EL VIENTRE DEL MONSTRUO MARINO TRES DIAS Y TRES NOCHES, así estará el Hijo del Hombre tres días y tres noches en el corazón de la tierra. (Mateo 12:40 LBLA)** El Señor Jesucristo estaba dando a conocer que esta particular historia en el libro de Jonás, contenía realidades que hallarían su cumplimiento en El. La historia de Jonás era por decir una sombra de la realidad que era Cristo, tan solo era una ilustración de la substancia que era Jesucristo apuntando hacia un particular momento de Su misión en la tierra, específicamente, Su tiempo en la tumba. Les dijo a sus discípulos en una ocasión; **Y les dijo: Esto es lo que yo os decía cuando todavía estaba con vosotros: que era necesario que se cumpliera todo lo que sobre mí está escrito en la ley de Moisés, en los profetas y en los salmos. (Lucas 24:44 LBLA)** Entonces podemos ver que el Señor Jesucristo les dio a saber que de Él está escrito en la ley, los profetas y los salmos. Dando a entender a través de esto que en estos libros del antiguo testamento se ha intencionalmente encubierto verdades sobre El. De eso se trata este comentario, de demostrar algunas de las ilustraciones que apuntan hacia Cristo y su ministerio, ilustraciones que nos ayudan a comprender de mejor manera algunas de las doctrinas de los apóstoles explicadas en el Nuevo testamento. Aunque la tipología es una realidad en las Escrituras, mucho son los que se han ido al extremo de darle significados a textos que Dios no tenía por intención que se les diera. La tipología bíblica es el estudio de tipos en las Escrituras y sus respectivos anti-tipos. Personas, eventos, cosas o figuras las cuales existen en el antiguo testamento y tienen relación con personas, eventos, cosas o figuras dentro del nuevo testamento. Son sombras en el antiguo testamento que apuntan hacia realidades dentro del nuevo. La mejor definición que creo poder darles es la que el autor de la epístola a los hebreos dio en el capítulo 10; **Pues ya que la ley *sólo* tiene la sombra de los bienes futuros** *y* **no la forma misma de las cosas... (Hebreos 10:1a LBLA)** El autor nos hace saber que la ley no contenía en si la substancia, esta contenía solamente las sombras o ilustraciones de las cosas verdaderas. En este caso, el tabernáculo en el desierto era tan solo sombra del verdadero templo que está en el cielo; *como* **ministro del santuario y del tabernáculo verdadero, que el Señor erigió, no el hombre. (Hebreos 8:2 LBLA)** Dios había pedido a Moisés que construyera un templo en el desierto el cual sería una ilustración del verdadero, esto es un tipo, no la substancia misma sino una sombra o ilustración. Como por ejemplo, conocemos del rey David, en el salmo 22 está diciendo cosas las cuales Cristo mismo dijo en la cruz, David en el salmo 22 es un tipo de Cristo, una sombra de Cristo, una ilustración solamente de la verdadera substancia la cual es Cristo. David es el tipo de Cristo. También tenemos muchos ejemplos más, Moisés al dar libertad a los cautivos de Egipto, es un tipo de la acción suprema de Cristo, darles libertad a los cautivos por el pecado y por la muerte. Tenemos a José, quien después de sufrir gran aflicción, llego a ser el instrumento de salvación de todo su pueblo, y su relación con Cristo que es inevitable, quien después de haber padecido en manos de los hombres vino a ser el autor de tan grande salvación. Es pues entonces la tipología bíblica el estudio de la relación entre las figuras y las sombras y sus respectivos anti-tipos y realidades. La tipología busca por ejemplo estudiar la relación entre la serpiente de bronce y el Señor Jesucristo, entre el faraón y el diablo, entre David y Cristo, entre Adán y Cristo, etc. En este comentario veremos la relación entre Ester y la iglesia, entre Mardoqueo y Cristo, Dios y el Rey y muchas cosas más.

Las versiones de la Biblia que utilizaremos para este comentario serán la LBLA(La Biblia de las Américas) y la Reina Valera de 1909.

Capítulo 1

- *Ester 1:1*

Aconteció en los días de Asuero, el rey Asuero que reinó desde la India hasta Etiopía sobre ciento veintisiete provincias,

Es difícil determinar cuál Asuero es el que se menciona en este versículo ya que Asuero era el nombre o título que se les daba a varios de los reyes de Persia. Los comentaristas por lo general lo identifican como Xerxes I, sin embargo no es posible poder determinar con seguridad cuál de los reyes de Persia fue este. Una cosa si es cierta, este rey tenia gran poderío y su reino se extendía desde la India hasta parte del continente africano. Darío el Medo según Daniel 6:1, había reinado sobre 120 provincias pero durante el reinado de Asuero, este había añadido 7 provincias más a su imperio. Este era el rey más poderoso de toda la tierra en ese tiempo y es necesario que mantengamos esto en mente para poder comprender la tipología en este libro. Por ahora este es el detalle más importante en este versículo, que este rey es presentado como el monarca más poderoso del mundo, y quien reina supremamente sobre todo el mundo antiguo. El nombre de Asuero significa príncipe, cabeza o jefe, específicamente gobernador de héroes.

- **Ester 1:2**

que en aquellos días, estando el rey Asuero reinando desde su trono real, en la fortaleza de Susa,

El rey reinaba desde Susa, la capital del reino Persa. Xerxes había derrotado a los egipcios en el segundo año de su reinado lo cual indica que en estos momentos el rey se encontraba gozando de gran paz y tranquilidad, con su reino bien establecido. La historia nos indica que efectivamente existía una ciudad llamada Susa y hoy día existe una ciudad en Irán llamada Shush la cual fue edificada encima de la antigua ciudad persa.

- **Ester 1:3**

en el año tercero de su reinado, ofreció un banquete para todos sus príncipes y servidores, estando en su presencia los oficiales del ejército de Persia y Media, los nobles y los príncipes de sus provincias.

El rey había decidido hacer un gran banquete para todos sus gobernantes y todos sus oficiales del ejército de Persia y Media, incluyendo a los nobles y todo príncipe de cada una de sus provincias. El propósito de hacer este banquete era como dice el próximo versículo, "demostrar las riquezas de la gloria de su reino y el magnífico esplendor de su majestad".

- ### *Ester 1:4*

Y <u>él les mostró</u> ***las riquezas de la gloria de su reino y el magnífico esplendor de su majestad durante muchos días, ciento ochenta días.***

Durante 180 días el rey dio a conocer, "las riquezas de la gloria de su reino y el magnífico esplendor de su majestad" a todos sus príncipes y gobernantes. El apóstol Pablo en su epístola a los efesios, nos enseña que Dios también tenía como propósito eterno en Cristo Jesús, demostrar y dar a conocer su multiforme sabiduría a las potestades y principados en los lugares celestiales.

Efesios 3:10
a fin de que la infinita sabiduría de Dios sea ahora dada a conocer por medio de la iglesia a los principados y potestades en las regiones celestiales,

De la misma manera como el rey había hecho este banquete para demostrar su gloria y la majestuosidad de su reino a sus gobernantes, príncipes y oficiales, efesios nos dice que Dios tiene por propósito, demostrar su multiforme sabiduría a *"**los principados y potestades en las regiones celestiales"**,* Es la intención de Dios dar a conocer, demostrar su multiforme sabiduría a los principados y potestades de la misma manera como este rey tenia por propósito demostrar la gloria de su majestad a sus gobernantes. Este es el propósito de Dios el cual cumplió en Cristo Jesús, demostrar su multiforme sabiduría por medio de la iglesia a principados y potestades en los lugares celestiales. Vemos que el propósito es de Dios, el fin es demostrar su sabiduría, el medio es la iglesia, y el público son las potestades celestiales. Dios en Cristo Jesús, por medio del cual creo todas las cosas, se propuso desde la eternidad, demostrar su multiforme sabiduría a los principados y potestades en los lugares celestiales. De igual manera este rey se propuso demostrar su magnificencia y su gloria a todos los príncipes y gobernantes de su reino.

- **Ester 1:5**

Cuando se cumplieron estos días, el rey ofreció un banquete de siete días para todo el pueblo que se encontraba en la fortaleza de Susa, desde el mayor hasta el menor, en el atrio del jardín del palacio del rey.

Después de los 180 días de banquete para demostrar a sus gobernantes, príncipes y oficiales la majestuosidad de su imperio, el rey extendió la invitación por 7 días a todo el pueblo que se encontraba en la fortaleza de Susa. Grandes y pequeños asistieron a este banquete en el atrio del jardín del palacio del rey. En los anales de la historia de los reyes de Persia, aparece un rey quien gasto 40 talentos de plata en alimentar a 15,000 personas, por tanto era costumbre para los reyes de Persia y Media llevar a cabo esta clase de banquetes.

- **Ester 1:6**

Había colgaduras de lino blanco y violeta, sostenidas por cordones de lino fino y púrpura en anillos de plata y columnas de mármol, y lechos de oro y plata sobre un

pavimento mosaico de pórfido, de mármol, de alabastro y de piedras preciosas.

Con gran lujo se arregló el área para este banquete. El rey había extendido su fiesta ahora no solo a sus príncipes sino también para los que se encontraban en la fortaleza de Susa, chicos y grandes. Lino blanco, violeta, oro y plata, mármol, alabastro y muchas piedras preciosas adornaban el atrio del jardín del rey. El cual debió ser bastante grande para poder entretener a los miembros de toda la fortaleza de Susa.

• **Ester 1:7**

Las bebidas se servían en vasijas de oro de diferentes formas, y el vino real abundaba conforme a la liberalidad del rey.

El lujo de esta fiesta era aparente aun en las vasijas donde tomaban las bebidas las cuales eran de oro, estas eran de diferentes formas y el vino que tomaban existía en gran abundancia y no era vino cualquiera sino era el vino real, el mismo vino que acostumbraba a beber el rey. El Tárgum menciona estas vasijas como las vasijas del templo de Jerusalén sin embargo esto es imposible ya que las vasijas del templo de Jerusalén habían sido devueltas por el rey Ciro años antes.

• **Ester 1:8**

Y se bebía conforme a la ley, no había obligación, porque el rey así había dado órdenes a todos los oficiales de su casa para que hicieran conforme a los deseos de cada persona.

La ley parecía ser que nadie podía ser obligado a beber sino que cada uno bebiera al contentamiento de su corazón. Cada invitado podía beber cuanto quisiera y ninguno podía ser obligado, aun los oficiales del rey se les había instruido proveer a los invitados tanto quisiesen y que cada uno pudiera hacer conforme a su deseo.

- **Ester 1:9**

La reina Vasti también hizo un banquete para las mujeres en el palacio que pertenecía al rey Asuero.

El humor del rey debió ser tan grande, que aun su esposa la reina Vasti también tenía un banquete precisamente en esos mismos días, este banquete era solo para las mujeres y también se estaba llevando a cabo en el palacio real solo que obviamente en otra sección del palacio.

- **Ester 1:10**

Al séptimo día, cuando el corazón del rey estaba alegre por el vino, él ordenó a Mehumán, a Bizta, a Harbona, a Bigta, a Abagta, a Zetar y a Carcas, los siete eunucos que servían en la presencia del rey Asuero,

En el último día del banquete, cuando el rey se encontraba alegre por el vino, este ordeno a siete eunucos que servían en su presencia, a ir y buscar a la reina Vasti como nos indica el siguiente versículo.

- *Ester 1:11*

que trajeran a la reina Vasti a la presencia del rey con su corona real, para mostrar al pueblo y a los príncipes su belleza, porque era muy hermosa.

Los siete eunucos que se encuentran en la presencia del rey son los que llevan las órdenes a la reina Vasti, ordenes de presentarse ante el rey y sus invitados con su corona real para que el rey pudiera demostrar la belleza de su reina a cada uno de sus invitados. El número de eunucos, siete, es muy significativo, también el hecho que estos sirven en la presencia del rey, otro punto significativo. Las órdenes del rey para la reina, ese es otro punto. La Biblia nos enseña que fueron ángeles los que llevaron el mensaje de la ley al pueblo de Israel. Aquí varios de los versículos que demuestran que fue por medio de ángeles que el pueblo de Israel recibió la ley de Dios.

Hebreos 2:2
Porque si la palabra hablada <u>por medio de ángeles</u> resultó ser inmutable, y toda transgresión y desobediencia recibió una justa retribución,

Gálatas 3:19
Entonces, ¿para qué fue dada la ley? Fue añadida a causa de las transgresiones, hasta que viniera la descendencia a la cual había sido hecha la promesa, ley que fue <u>promulgada mediante ángeles</u> por mano de un mediador.

Hechos 7:38
Este es el que estaba en la congregación en el desierto junto con <u>el ángel que le hablaba</u> en el monte Sinaí, y con nuestros padres, y el que recibió palabras de vida para transmitirlas a vosotros;

Hechos 7:53
vosotros que <u>recibisteis la ley por disposición de ángeles</u> y sin embargo no la guardasteis.

La ley fue entregada por medio de ángeles al pueblo de Israel, a través de un mediador, este es, Moisés, sin embargo este pueblo como veremos en el siguiente versículo, desecho esta palabra, rechazo los estatutos de Dios y de esta manera hizo nulo el pacto entre Dios y ellos. El número de eunucos en la presencia de Dios es muy significativo, 7, el mensaje era divino. La reina Vasti se negó a obedecer al rey. Siete mensajeros de parte del rey con un mensaje que requiere obediencia, es muy significativo e ilustra adecuadamente la ley enviada por Dios a través de ángeles a su pueblo bajo la condición de obediencia. El rey envió por su esposa pero esta le fue desobediente y el pacto matrimonial como veremos en los próximos versículos fue anulado. La ilustración de un esposo hablándole a su esposa y ella desobedeciéndole, no es extraño a las escrituras.

Jeremías 31:32
no como el pacto que hice con sus padres el día que los tomé de la mano para sacarlos de la tierra de Egipto, mi pacto que ellos rompieron, <u>aunque fui un esposo para ellos</u>-- declara el SEÑOR;

- *Ester 1:12*

Pero la reina Vasti rehusó venir al mandato del rey transmitido por los eunucos. Entonces el rey se enojó mucho y se encendió su furor en él.

Pero la reina Vasti rehusó, cuan desafiante, de la misma manera como Israel fue desafiante hacia Dios. Recibieron de ángeles la ley, los estatutos, las ordenanzas las cuales mantendrían a Dios siendo el Dios de ellos, sin embargo estos no obedecieron a Dios, rompiendo el pacto que Dios había hecho con ellos. El rey romperá su pacto entre ellos, la reina Vasti debe ser desechada. La ira del rey se encendió contra la reina Vasti y ciertamente de la misma manera la ira de Dios se levantó contra el pueblo de Israel precisamente por su desobediencia.

- *Ester 1:13*

Y el rey dijo a los sabios que conocían los tiempos (pues era costumbre del rey consultar así a todos los que conocían la ley y el derecho,

El rey decidió consultar a la ley. El hecho como veremos en el siguiente versículo que consultara casualmente (sarcasmo) con siete de sus príncipes quienes siempre estaban en su prescencia, nos demuestra que la ilustración es perfecta. Dios jamás actúa sin la exaltación de su ley, su trato para con la humanidad es en base a su divina ley, aun la salvación que es por medio de Jesucristo no es posible sin la justicia que viene a través del cumplimiento de la ley por Cristo Jesús.

- **Ester 1:14**

y estaban junto a él Carsena, Setar, Admata, Tarsis, Meres, Marsena y Memucán, los siete príncipes de Persia y Media que tenían entrada a la presencia del rey y que ocupaban los primeros puestos en el reino):

Siete príncipes que tenían entrada a la presencia del rey estaban frente a él, a quienes el rey consulto en referencia a la actitud de la reina Vasti, como apreciaremos en el siguiente versículo.

- **Ester 1:15**

Conforme a la ley, ¿qué se debe hacer con la reina Vasti, por no haber obedecido el mandato del rey Asuero transmitido por los eunucos?

La consulta del rey fue con respecto a la ley. Que debería de hacerse con la reina Vasti por haber desobedecido al rey? El rey consulto la ley, de la misma manera como Dios trata con la humanidad vía su ley, el rey consulto a sus siete príncipes respecto a la ley, y que tenía que decir la ley por la actitud de desobediencia de la reina Vasti. Dios jamás a tratado con los hombres sin la ley, la ley de Dios es perfecta y es el estándar con que Dios entra en relación con el ser humano. Dios es perfecto y para entrar en una comunión con seres imperfectos Él les a entregado su ley para que sepan lo que El exige de ellos para que sea posible entre ellos una relación de amigos y no de enemigos, sin embargo a parte de la fe en Cristo Jesús, nadie podrá ser justificado delante de Dios. Cristo es nuestro Salvador porque El si cumplió perfectamente la ley de Dios, la misma ley la cual exige que nosotros cumpliéramos. Todos los que están en Cristo Jesús han en El cumplido la justicia de la ley. Nadie es salvo sin el perfecto cumplimiento de la ley de Dios. La gracia de Dios para con los hombres es gracias al cumplimiento de la ley por Cristo. Así que la ley siempre a estado presente, siempre a sido ese estándar de santidad el cual Dios a presentado por el cual es posible entrar en relación de paz con El. Si la reina hubiese mantenido la ley, no hubiese sido desechada pero como rompió la ley al desobedecer al rey, ella viene a ser desechada.

• **Ester 1:16**

Y en presencia del rey y de los príncipes, Memucán dijo: La reina Vasti no sólo ha ofendido al rey sino también a todos los príncipes y a todos los pueblos que están en todas las provincias del rey Asuero.

Cuando la reina desobedeció al rey, lo hizo públicamente. No fue su desobediencia en privado entre el rey y ella, no, fue públicamente que desafío la autoridad del rey frente a todos los del pueblo presente en el banquete, y también frente a los gobernantes y príncipes de todo el reino. Cuando el pueblo de Israel rompió el pacto de la ley entre ellos y Dios, fue en público que lo hizo, frente a todas las potestades y principados en los lugares celestiales y frente al resto de la humanidad, dice en las escrituras;

Ezequiel 36:21-22
Pero yo he tenido compasión de mi santo nombre, que la casa de Israel había profanado entre las naciones adonde fueron.

Por tanto, di a la casa de Israel: "Así dice el Señor DIOS: 'No es por vosotros, casa de Israel, que voy a actuar, sino por mi santo nombre, que habéis profanado entre las naciones adonde fuisteis.

El pueblo de Israel había profanado el nombre del Señor entre las naciones de la misma manera como la reina Vasti había profanado el nombre del rey al avergonzarlo públicamente frente a no solo el pueblo pero frente a los príncipes, oficiales, y gobernantes de todo el reino.

- *Ester 1:17*

Porque la conducta de la reina llegará a conocerse por todas las mujeres y hará que ellas miren con desdén a sus maridos, y digan: "El rey Asuero ordenó que la reina Vasti fuera llevada a su presencia, pero ella no fue."

La actitud de desobediencia de la reina Vasti seria de mal ejemplo para todas las esposas en el reino, según el razonamiento de uno de los príncipes, porque todas dirían, "Si la reina desobedeció al rey y nada le paso, ¿porque hemos nosotras de obedecer a nuestros maridos?"

- **Ester 1:18**

Y desde hoy las señoras de Persia y Media que han oído de la conducta de la reina hablarán de la misma manera a todos los príncipes del rey, y habrá mucho desdén y enojo.

La conducta del ser humano en desafío al Rey del Universo no puede dejarse sin castigo. La desobediencia a la ley del pacto, entregada por ángeles al pueblo de Israel por medio de Moisés, el mediador, no puede quedarse sin ser vindicada, la ley no puede ser quebrantada sin que exista el correspondiente castigo.

- **Ester 1:19**

Si le place al rey, proclame él un decreto real y que se escriba en las leyes de Persia y Media para que no sea revocado, que Vasti no entre más a la presencia del rey Asuero, y que el rey dé su título de reina a otra que sea más digna que ella.

Los príncipes sugirieron que el rey proclamara una ley, un decreto el cual sería irrevocable, una ley que castigara a la reina Vasti por su desobediencia, y que esta ley estuviera escrita de tal manera para que fuera irrevocable o sea que no pudiera ser retractada. La ley de estos reyes era así, irrevocable que ni aun el mismo rey podía ir en contra de su propia ley. De la misma manera las leyes de Dios, sus decretos son irrevocables, no pueden ser violadas. Dios jamás ha roto una de sus propias leyes, pues estas son buenas, perfectas y santas. Estas son un reflejo de su perfección moral. Al pueblo de Israel, como la reina Vasti, romper el pacto de obediencia a la ley dada a ellos por Moisés, Dios los desecho como una nación escogida de entre todas las naciones del mundo, el pacto que había hecho con la nación étnica de Israel, fue hecho nulo. Ahora el pacto que está vigente, es el pacto de gracia por medio de Cristo Jesús. Los príncipes le sugieren al rey que busque otra reina que sea más digna que la reina Vasti y que tome el título de reina en su lugar.

- ***Ester 1:20***

Y cuando el decreto que haga el rey sea oído por todo su reino, inmenso como es, entonces todas las mujeres darán honra a sus maridos, desde el mayor hasta el menor.

La ley del rey seria escuchada por todo el reino, y todas las provincias y todos sus habitantes respetarían al rey. Las mujeres sabrían que sus maridos han de ser honrados y tratados con respeto y no con desdén como la reina hizo con el rey.

- ***Ester 1:21***

Esta palabra pareció bien al rey y a los príncipes, y el rey hizo conforme a lo dicho por Memucán.

Al rey y a los príncipes le agrado esta proposición de **Memucán** y el rey hizo conforme a lo que él dijo.

- ### *Ester 1:22*

Y envió cartas a todas las provincias del rey, a cada provincia conforme a su escritura y a cada pueblo conforme a su lengua, para que todo hombre fuera señor en su casa y que en ella se hablara la lengua de su pueblo.

Esta proclamación del rey fue enviada por todo el reino de Persia, a cada pueblo en su propio idioma y a cada nación en su propio lenguaje, para que todo hombre fuera el señor de su propia casa.

Capítulo 2

- *Ester 2:1*

Después de estas cosas, cuando el furor del rey Asuero se había aplacado, él se acordó de Vasti, de lo que ella había hecho y de lo que se había decretado contra ella.

El rey se recordó después de un tiempo, después que el furor debido a la desobediencia de Vasti se había aplacado, el rey de recordó de ella y de lo que se había decretado contra ella.

- *Ester 2:2*

Entonces los cortesanos al servicio del rey, dijeron: Búsquense para el rey jóvenes vírgenes y de buen parecer.

Los servidores que atendían al rey le sugirieron que se buscase para él una nueva reina, de entre las más hermosas vírgenes de todo el reino.

- *Ester 2:3*

Y que el rey nombre oficiales en todas las provincias de su reino para que reúnan a todas las jóvenes vírgenes y de buen parecer en la fortaleza de Susa, en el harén, bajo la custodia de Hegai, eunuco del rey, encargado de las mujeres, y que se les den sus cosméticos.

Los cortesanos o servidores del rey le dijeron que se nombrara oficiales en todas las provincias del reino para que juntaran a todas las jóvenes vírgenes en la fortaleza de Susa bajo el cuidado de un eunuco del rey llamado Hegai, y que a cada una de ellas se les dieran cosméticos.

• **Ester 2:4**

Y la joven que agrade al rey sea reina en lugar de Vasti. Y esto le pareció bien al rey, y así lo hizo.

Y que el rey escogiere de entre todas las jóvenes vírgenes cual a él le agradara y la hiciera reina en el lugar de Vasti. Al rey le agrado la idea y lo hizo así. La Biblia nos enseña que el pacto de obras bajo la ley de Moisés, ha sido anulado debido al quebrantamiento del mismo por el pueblo de Israel, ya que Israel no ha hecho su parte en cumplir con la ley de Dios, Dios ha anulado ese pacto, sin embargo Dios no se ha quedado sin un pueblo, él se ha reservado para sí mismo un pueblo bajo otro pacto, el pacto de la gracia. Esto no fue una sorpresa para Dios ni tampoco tuvo El que improvisar, siempre desde antes de la creación ya tenía en mente la salvación de un pueblo el cual desde la eternidad El escogería por gracia y no por obras.

- *Efesios 1:4*

según nos escogió en El antes de la fundación del mundo, para que fuéramos santos y sin mancha delante de El. En amor

Vasti ilustraba el antiguo pacto, el cual fue anulado, esto dando lugar al nuevo pacto de la gracia el cual es en Cristo Jesús. La nueva reina será escogida de la misma manera que el pueblo de Dios en Cristo Jesús.

- *Ester 2:5*

Y había en la fortaleza de Susa un judío que se llamaba Mardoqueo, hijo de Jair, hijo de Simei, hijo de Cis, benjamita,

En la fortaleza había un judío, Mardoqueo el cual venia de la tribu de Benjamín este será para nosotros una maravillosa ilustración del Señor Jesucristo. A medida que avanzamos a través de los siguientes versículos la imagen será cada vez más aparente.

- *Ester 2:6*

que había sido deportado de Jerusalén con los cautivos que habían sido deportados con Jeconías, rey de Judá, a quien había deportado Nabucodonosor, rey de Babilonia.

Mardoqueo era uno de los tantos personajes que Nabucodonosor trajo de Jerusalén cuando este sitio la ciudad y trajo como cautivo al rey de Judá, Jeconias, y a los nobles de la ciudad de Jerusalén en al año 587-586 a.c.

- *Ester 2:7*

Y Mardoqueo estaba criando a Hadasa, es decir, Ester, hija de su tío, pues ella no tenía ni padre ni madre. La joven era de hermosa figura y de buen parecer, y cuando su padre y su madre murieron, Mardoqueo la tomó como hija suya.

Mardoqueo es introducido como el primo de Hadasa o Ester el cual era su nombre babilónico, a quien el tomo para sí mismo criarla después de que sus padres habían muerto, ella era una mujer de hermosa figura y de buen parecer como dice el versículo, esto es obviamente mencionado porque ella será una de las vírgenes jóvenes las cuales serían recogidas de entre todo el reino para el rey escoger su nueva reina. Hadasa era su nombre judío, el cual por órdenes de su primo Mardoqueo ella debía mantener en secreto como veremos en los siguientes versículos.

- *Ester 2:8*

Y sucedió que cuando el mandato y el decreto del rey fueron oídos, muchas jóvenes fueron reunidas en la fortaleza de Susa bajo la custodia de Hegai; y Ester también fue llevada al palacio del rey, bajo la custodia de Hegai, encargado de las mujeres.

Ester fue llevada juntamente con el resto de las jóvenes vírgenes que habían sido reunidas a la fortaleza de Susa para que estuviera bajo el cuidado de Hegai el cual era el encargado de las mujeres del rey. Hegai siendo el eunuco que se encargara de los cuidados de las vírgenes y en especialmente de nuestra protagonista Ester, ilustrara muy adecuadamente la obra transformadora y el especial cuidado del Espíritu Santo para con la iglesia de Jesucristo.

- **Ester 2:9**

La joven le agradó y halló favor delante de él, por lo que se apresuró en proveerle cosméticos y alimentos; le dio siete doncellas escogidas del palacio del rey, y la trasladó con sus doncellas al mejor lugar del harén.

A Hegai el eunuco, Ester le agrado y hallo favor y gracia delante de él. Este se apresuro dice el versículo con gran entusiasmo, se encargó de que ella recibiera de los mejores alimentos y de los mejores cosméticos posibles, también le dio siete doncellas para que le atendieran y puso a Ester en el mejor lugar del harén. Debemos por un momento meditar en este número siete, a través de las Escrituras este número siempre ha sido asociado con la divinidad de Dios, con el Espíritu Santo y con atributos que solo pertenecen a Dios. Desde los siete días de la creación hasta los siete sellos del apocalipsis, el número siete siempre ha aparecido en todas las escrituras por lo general ilustrando la perfección y plenitud espiritual. El número siete ilustra la mano de Dios, Dios ejerciendo su poder, Dios mismo involucrado en Su obra. Dios culminando en siete días su creación, siete dichos de Cristo en la cruz. En el libro de apocalipsis solamente existen siete candelabros, siete estrellas, siete mensajes a las siete iglesias, siete trompetas, siete sellos, y muchas otras citas más. Recordemos tan solo en lo que hemos hasta ahora visto, siete eunucos en la presencia del rey, siete príncipes en su presencia, siete doncellas para ministrar a Ester. Debemos reconocer que Dios intencionalmente a utilizado este número en el relato de Ester para que podamos comprender la intención del Espíritu de Dios con el libro de Ester. Dios quiere que veamos al rey como una ilustración de Sí mismo para que a medida que avancemos en el libro de Ester, podamos ver las cosas que Él quiere que veamos. Ver al rey como figura de Dios nos ayudara a comprender las verdades encubiertas en este libro. Los siete eunucos mensajeros del rey a la reina Vasti, y los siete príncipes que están en la presencia del rey, nos es suficiente argumento para demostrar que el rey es una ilustración del Rey Supremo. A medida que avancemos en el libro esto será cada vez más aparente.

Veremos que Hegai se dedica a Ester de una manera muy diferente que a las demás vírgenes, este es el encargado de prepararla para su encuentro con el rey. La trata con un especial cuidado y se encarga de que tenga todo lo necesario, de su comida, sus cosméticos, de que tuviera el mejor lugar en el harén y demás arreglos. Hegai va al extremo para proveer para Ester, ella es su preferida de entre todas las demás mujeres. Hegai en la preparación de Ester, supliéndole todo lo necesario para que sea ella la escogida nos ilustra hermosamente la obra del Espíritu de Dios al preparar a la iglesia de Jesucristo supliéndole todo lo necesario para su preparación, haciéndola apta para ser aceptada por el Rey de Reyes.

- **Ester 2:10**

Ester no dio a conocer ni su pueblo ni su parentela, porque Mardoqueo le había mandado que no los diera a conocer.

Mardoqueo le había mandado a Ester que no divulgara su nación ni su relación con Mardoqueo ni con el pueblo judío.

- **Ester 2:11**

Y todos los días Mardoqueo se paseaba delante del patio del harén para enterarse de cómo estaba Ester y qué le sucedía.

Mardoqueo se paseaba por el patio del harén todos los días tratando de averiguar cómo iban las cosas con Ester y como le estaba yendo.

- **Ester 2:12**

Cuando le tocaba a cada joven venir al rey Asuero, al cumplirse sus doce meses, según las ordenanzas para las mujeres, pues los días de su embellecimiento se cumplían así: seis meses con óleo de mirra y seis meses con especias y cosméticos para las mujeres,

Cada una de las jóvenes tenía que venir al rey después del tiempo de su preparación y embellecimiento, doce meses conforme a las órdenes para las mujeres que serían presentadas al rey. Seis meses un una clase de tratamiento y seis meses con otro tratamiento.

Los escogidos, de la misma manera que Ester, son preparados, procesados por el Espíritu Santo para ser aptos para el Rey de Reyes, Dios ha determinado que antes de nuestro encuentro con el Rey del Universo, el Espíritu Santo nos pase por un proceso como el que paso Ester al ser preparada para el rey. Sin santidad nadie vera al Señor. La justificación es en un instante mientras que la santificación dura toda una vida. Veremos a medida que avanzamos en estos próximos versículos cuan perfecta es la similitud entre Hegai el eunuco quien se encargó personalmente del embellecimiento de Ester y el proceso de preparación el cual el Espíritu de Dios le da a la iglesia de Jesucristo.

- **Ester 2:13**

(entonces la joven venía al rey de esta manera: cualquier cosa que ella deseaba se le concedía para que la llevara consigo del harén al palacio del rey.

Cada joven se presentaba delante del rey con cualquier cosa que ella deseaba, se le concedía que escogiera algo para que pudiera llevar a su encuentro con el rey. Todas las religiones del mundo con excepción de la única verdadera, consisten en un sistema de obras las cuales el ser humano debe cumplir para lograr alcanzar la salvación.

- **Ester 2:14**

Ella entraba por la tarde y a la mañana siguiente volvía al segundo harén, bajo la custodia de Saasgaz, eunuco del rey, encargado de las concubinas. Ella no iba otra vez al rey a menos que el rey se complaciera en ella y fuera llamada por nombre.

Una vez que la joven entraba en la tarde a la presencia del rey, se quedaba con él por esa noche y a la mañana siguiente ella pasaba al segundo harén, el cual era donde estaban el resto de las concubinas. Ella permanecía en este lugar al menos que el rey la llamara por nombre, solo así podría regresar nuevamente al rey. El encargado de este harén era el eunuco Saasgaz.

- **Ester 2:15**

Cuando a Ester, hija de Abihail, tío de Mardoqueo, que la había tomado como hija, le tocó venir al rey, ella no pidió cosa alguna sino lo que le aconsejó Hegai, eunuco del rey, encargado de las mujeres. Y Ester hallaba favor ante los ojos de cuantos la veían.

Ahora cuando le tocó el turno a Ester, ella decidió no escoger llevar nada más que lo que Hegai el encargado de las mujeres le aconsejara. Esta es una hermosa ilustración de la actitud de la Iglesia de Jesucristo, la cual no procura por obras o métodos ganarse el favor del Rey, más bien se entrega totalmente a la dirección del Espíritu Santo quien es el designado para su preparación, su santificación, para su encuentro con su Rey. El Espíritu de Dios, tal como este eunuco lo representa, se encarga de que los escogidos del Señor estén preparados para su encuentro con Dios. Ester no pidió cosa alguna, más lo que le aconsejara su preparador, Hegai. Ester hallaba gracia frente a todos los que la veían.

• *Ester 2:16*

Ester fue llevada al rey Asuero a su palacio real el mes décimo, que es el mes Tebet, en el año séptimo de su reinado.

Ester fue llevada al rey a su palacio real en el décimo mes, del séptimo año de su reinado, cuatro años después del banquete el cual relata en el capítulo uno.

• *Ester 2:17*

Y el rey amó a Ester más que a todas las otras mujeres, y ella halló gracia y bondad con él más que todas las demás vírgenes, y él puso la corona real sobre su cabeza y la hizo reina en lugar de Vasti.

El rey escogió a Ester pues él la amo más que a las otras mujeres. Y como dice el versículo, ella hayo gracia y bondad con el rey, más que todas las demás vírgenes. La doctrina de la elección nos enseña de que Dios desde antes de la fundación del mundo, escogió en Cristo aquellos que estarían con El por toda la eternidad, su iglesia, su pueblo, su novia dicen las escrituras. El rey ilustra esta doctrina hasta el último detalle, Dios escogió su propio pueblo como el rey escogió su propia reina de entre muchas jóvenes, el Espíritu Santo prepara a esta novia como Hegai preparo a Ester, con mucho cuidado y atención Hegai trato a Ester quien ante sus ojos cayó en gracia y bondad de la misma manera como Ester ante el rey. El rey le puso la corona real sobre su cabeza y Ester reino en lugar de Vasti. El pueblo escogido de Dios es la novia de Cristo la cual reina juntamente con El en lugar de la nación étnica de Israel.

- *Ester 2:18*

Entonces el rey hizo un gran banquete para todos sus príncipes y siervos, el banquete de Ester. También concedió un día de descanso para las provincias y dio presentes conforme a la liberalidad del rey.

El rey pues entonces hizo un gran banquete en honor a Ester su nueva reina, este banquete fue hecho para los príncipes y siervos del rey. También concedió un día de descanso para las provincias, y repartió regalos y presentes conforme a su generosidad.

- *Ester 2:19*

Cuando las vírgenes fueron reunidas por segunda vez, Mardoqueo estaba sentado a la puerta del rey.

Hubo una segunda recolecta de vírgenes para el rey, aun cuando Ester ya había sido coronada reina. Mardoqueo se encontraba a la puerta del palacio del rey.

- *Ester 2:20*

Ester todavía no había dado a conocer ni su parentela ni su pueblo, tal como Mardoqueo le había mandado, porque

Ester hizo lo que le había dicho Mardoqueo, como cuando estaba bajo su tutela.

Ester había mantenido su identidad encubierta como su primo Mardoqueo le había instruido, ella había sido siempre obediente a su primo mientras que estuvo bajo su tutela. Ester mantuvo callada con respecto a su parentela y su nación.

- *Ester 2:21*

En aquellos días, estando Mardoqueo sentado a la puerta del rey, Bigtán y Teres, dos eunucos del rey, guardianes del umbral, se enojaron y procuraban echar mano al rey Asuero.

Mardoqueo se encontraba sentado a la puerta del palacio del rey cuando se entero de que dos de los eunucos del rey, los cuales al estar enojados con él, procuraban matarlo. Estos dos eunucos se cree eran los principales guarda espaldas del rey, y quienes cuidaban las puertas a su recamara.

- *Ester 2:22*

Pero el asunto llegó a conocimiento de Mardoqueo, y él se lo comunicó a la reina Ester, y Ester informó al rey en nombre de Mardoqueo.

Mardoqueo se entero de este plan de los dos eunucos y se lo dio a conocer a la reina Ester la cual informo al rey de parte de Mardoqueo

- ***Ester 2:23***

Y cuando fue investigado el asunto y hallado cierto, los dos eunucos fueron colgados en una horca; y esto fue escrito en el libro de las Crónicas en presencia del rey.

Una vez Mardoqueo se entero de este asunto, después de comunicarlo y hacerlo saber a la reina Ester, fue investigado y encontrado cierto. Los dos eunucos fueron colgados en la horca, luego el hecho fue escrito en presencia del rey en el libro de las crónicas. El hecho que Mardoqueo haya estado presente y haya venido a enterarse del asunto con respecto al rey, es parte de la providencia de Dios preparando el terreno para que la historia logre ilustrar otros aspectos de Dios y sus propósitos para con su pueblo en Cristo Jesús.

Capitulo 3

- *Ester 3:1*

Después de esto el rey Asuero engrandeció a Amán, hijo de Hamedata agagueo, y lo ensalzó y estableció su autoridad sobre todos los príncipes que estaban con él.

Aman era agagueo, muchos comentaristas lo relacionan con el rey Agag mencionado en 1 Samuel 15, amalecita. La nación de Amalec siempre fue enemiga del pueblo de Israel, y en diferentes partes de las escrituras, esta tipifica la carne con sus pasiones y deseos pecaminosos. Por lo general Amalec ilustra la carne en su alianza con Satanás en la lucha contra el avance de la santidad en la vida del cristiano. Aman muy claramente tipifica el odio del diablo hacia los hijos de Dios especialmente su odio hacia el Unigénito Hijo de Dios, tipificado por el personaje de Mardoqueo. Aman fue engrandecido por el rey de tal manera que estaba por encima de los otros príncipes que andaban con él. Su autoridad, por encima de la de ellos. Satanás nos dicen las Escrituras era un querubín muy hermoso, era tan hermoso que fue la causa de su corrupción; Dios lo enalteció y le dio gran estatura entre los demás ángeles, en el día que fue creado las Escrituras relatan;

Ezequiel 28:13
'En el Edén estabas, en el huerto de Dios; toda piedra preciosa era tu vestidura: el rubí, el topacio y el diamante, el berilo, el ónice y el jaspe, el zafiro, la turquesa y la esmeralda; y el oro, la hechura de tus engastes y de tus encajes, estaba en ti. El día que fuiste creado fueron preparados.

Ezequiel 28:14
'Tú, querubín protector de alas desplegadas, yo te puse allí. Estabas en el santo monte de Dios, andabas en medio de las piedras de fuego.

Ezequiel 28:17a
'Se enalteció tu corazón a causa de tu hermosura; corrompiste tu sabiduría a causa de tu esplendor.

Satanás fue creado por Dios como un hermoso querubín, sin embargo no era sorpresa para Dios su traición, era el propósito de Dios que este querubín se corrompiera y se convirtiera en el archi-enemigo de Dios. De la misma manera como Aman fue enaltecido por el rey por encima de los demás príncipes veremos también más adelante como vino su caída de la misma manera como también sucedió con Satanás.

De Satanás dicen las Escrituras;

Ezequiel 28:15
'Perfecto eras en tus caminos desde el día que fuiste creado hasta que la iniquidad se halló en ti.

Aman agagueo, descendiente de Amalec, es mencionado como tal para que podamos hacer la asociación que Dios quiere que hagamos. Satanás y el pecado son uno solo, este querubín caído, juntamente con sus ángeles que le acompañaron continuamente está tratando de destruir al pueblo de Dios y con esto no me refiero al Israel según la carne, estoy hablando del Israel de Dios, el pueblo escogido, la iglesia de Jesucristo. En los tiempos en que el pueblo de Israel caminaban por el desierto, Amalec los ataco en la retaguardia donde se encontraban más débiles, los ancianos y mujeres, niños y enfermos, Amalec no tuvo misericordia por lo cual Dios juro exterminar a esta nación de la faz de la tierra. Le dijo a Israel que una vez que estuvieran en la tierra prometida, ellos tenían que destruir a esta nación, por lo cual dice Dios en estos versículos;

Deuteronomio 25:17-19
(17) Acuérdate de lo que te hizo Amalec en el camino cuando saliste de Egipto,
(18) cómo te salió al encuentro en el camino, y atacó entre los tuyos a todos los agotados en tu retaguardia cuando tú estabas fatigado y cansado; y él no temió a Dios.
(19) Por tanto, sucederá que cuando el SEÑOR tu Dios te haya dado descanso de todos tus enemigos alrededor, en la tierra que el SEÑOR tu Dios te da en heredad para poseerla, borrarás de debajo del cielo la memoria de Amalec; no lo olvides.

Amalec siempre está atacando a Israel, esto es, el pueblo escogido de Dios, el Israel espiritual, debe de continuo

31

pelear contra Amalec hasta que sea desarraigado de nuestras vidas. Que puede simbolizar Amalec si no el pecado y Satanás que continuamente nos asecha. Aman es mencionado como un descendiente de los amelecitas para que podamos hacer la asociación correcta y logremos comprender más el relato. Aman como veremos a continuación detesta a Mardoqueo y a su pueblo, y tratara de destruirlos por completo. Ester es en su totalidad, la historia de la redención del pueblo escogido de Dios.

- **Ester 3:2**

Y todos los siervos del rey que estaban a la puerta del rey se inclinaban y se postraban ante Amán, porque así había ordenado el rey en cuanto a él; pero Mardoqueo ni se inclinaba ni se postraba.

Todos se inclinaban y se postraban ante Aman porque dice el versículo, así lo había ordenado el rey, sin embargo Mardoqueo no, él ni se inclinaba ni se postraba ante Aman. Quien podrá ser este Mardoqueo?, Amalec, el pecado, Satanás y la carne no puede contra Él. Mardoqueo se mantiene de pie y firme, jamás se postra ante el pecado y Satanás. Sin embargo todo el resto de la humanidad si se postra ante el pecado. El rey, dice el versículo, fue quien ordeno que todos se postraran ante Aman. ¿Habrá un versículo en la Biblia que pueda explicar esto?

Romanos 11:32
Porque Dios ha encerrado a todos en desobediencia para mostrar misericordia a todos.

Gálatas 3:22
Pero la Escritura lo encerró todo bajo pecado, para que la promesa que es por la fe en Jesucristo fuera dada a todos los que creen.

Dice Juan Gill en su excelente comentario de la biblia sobre este último versículo;

Por la "Escritura" se entiende, ya sea la redacción de la ley, en particular, la letra que mata, o de toda la Escritura, o de Dios en ella, y por medio de ella ha mostrado, declarado y demostrado que todos los individuos de la naturaleza humana, Judíos y gentiles, y todo lo que en ellos hay, y hecho por ellos, está bajo el poder y dominio del pecado, contaminado por ella, y que participan en la culpa de ella(1)

Toda la raza humana se encuentra bajo la esclavitud del pecado, todos postrándose e inclinándose ante Aman ilustra esta realidad y más aún, Mardoqueo, que maravillosa figura del Señor Jesucristo el Único que jamás estuvo sometido bajo el flagelo del pecado. Satanás tuvo su momento ante el Hijo de Dios en aquel desierto, y las tres veces que le asedio el ángel caído las tres veces lo venció y no cayó en su satánica trampa. Aman mostrara gran odio hacia Mardoqueo y no solo contra Mardoqueo sino también contra todo su pueblo. Esta obsesión por destruir el pueblo de Israel y a Mardoqueo ilustra el odio que siente y expresa Satanás hacia Cristo y Su pueblo escogido, el Israel de Dios.

- ***Ester 3:3***

Entonces los siervos del rey, que estaban a la puerta del rey, dijeron a Mardoqueo: ¿Por qué traspasas el mandato del rey?

Los siervos del rey, quienes si se inclinaban ante Aman, le preguntaron a Mardoqueo porque él no obedecía el mandato del rey el cual era inclinarse ante Aman.

- ***Ester 3:4***

Y sucedió que después que ellos le habían hablado día tras día y él se había negado a escucharlos, se lo informaron a Amán para ver si la palabra de Mardoqueo era firme; porque él les había declarado que era judío.

Paso que después de que los siervos del rey hablaron con Mardoqueo por varios días, estos decidieron hablar con Aman sobre Mardoqueo ya que él no les escuchaba. Estos siervos querían saber y poner a prueba a Mardoqueo para ver si permanecía firme ante Aman una vez que este supiera de su desafío y de que él era de nacionalidad judía.

- ***Ester 3:5***

Cuando Amán vio que Mardoqueo no se inclinaba ni se postraba ante él, Amán se llenó de furor.

Aman al escuchar del desafío de Mardoqueo y ver que este ni se inclinaba ni se postraba ante él, se llenó de ira y rabia contra Mardoqueo y veremos también que su odio se extendió aun hasta el pueblo de él.

- **Ester 3:6**

Y él no se contentó con echar mano sólo a Mardoqueo, pues le habían informado cuál era el pueblo de Mardoqueo; por tanto Amán procuró destruir a todos los judíos, el pueblo de Mardoqueo, que estaban por todo el reino de Asuero.

Aman no se conformaba con la idea de destruir a Mardoqueo solamente sino que también al enterarse de que Mardoqueo era judío, se empeñó en destruirlo a él y a toda la nación judía.

- Satanás procurando destruir a Cristo;

Apocalipsis 12:4
Su cola arrastró* la tercera parte de las estrellas del cielo y las arrojó sobre la tierra. Y el dragón se paró delante de la mujer que estaba para dar a luz, <u>a fin de devorar a su hijo</u> cuando ella diera a luz.

- Satanás procurando destruir a su descendencia;

Apocalipsis 12:17
Entonces el dragón se enfureció contra la mujer, <u>y salió para hacer guerra</u> <u>contra el resto de la descendencia</u> de ella, los que guardan los mandamientos de Dios y tienen el testimonio de Jesús.

- **Ester 3:7**

En el mes primero, que es el mes de Nisán, el año doce del rey Asuero, se echó el Pur, es decir la suerte, delante de Amán para cada día y cada mes hasta el mes doce, que es el mes de Adar.

En el año doceavo, cuatro años y dos meses después del matrimonio entre el rey y la reina Ester, Aman buscaba por suerte la fecha perfecta para llevar a cabo el criminal plan de destruir a los judíos. Probo echando las suertes desde el primer mes Nisan mes judío, hasta el doceavo mes, después de día a día, y mes a mes echar las suertes para encontrar aquel día y aquel mes de suerte y según Aman favorable para poder destruir a Mardoqueo y a toda la nación judía. No se encontró fecha favorable hasta que llego el doceavo mes en el día 13 según Ester 3:13.

- **Ester 3:8**

Y Amán dijo al rey Asuero: Hay un pueblo esparcido y diseminado entre los pueblos en todas las provincias de tu reino; sus leyes son diferentes de las de todos los demás pueblos, y no guardan las leyes del rey, así que no conviene al rey dejarlos vivos.

Aman fue donde el rey y le dijo que había un pueblo en el reino, el pueblo judío, el cual tenía leyes diferentes a las de todo el resto del reino y que estos no guardaban las leyes del rey. Aman argumentaba con el rey que no convenía para la seguridad del reino que este pueblo continuara viviendo entre ellos y que lo mejor sería la exterminación de todos. Este pueblo decía Aman, estaba esparcido y diseminado por todas las provincias del reino y le comunico al rey lo urgente que era este asunto, sin embargo sabemos que todo empezó a través de un odio hacia Mardoqueo y por ende a todo su pueblo. Satanás es el acusador de los hermanos, y es a través de la ley de Dios que Satanás nos acusa, este dice de nosotros, "Estos no cumplen tus leyes, estos merecen la muerte eterna, no respetan al Rey del universo, no conviene que los dejen vivos." De la misma manera como Aman buscaba la destrucción del pueblo judío a través de las leyes del rey, Satanás busca nuestra destrucción a través de la Santa Ley de Dios. Satanás como Aman apela a la máxima autoridad y les acusa ante El de no cumplir la ley. Debemos en todo momento recordar que esto es un relato de la obra de redención y como el pueblo escogido en Cristo Jesús, es librado de las garras de Satanás. De la misma manera como el apóstol Pablo en el libro de romanos nos explica cómo es que ha venido a nosotros nuestra condenación, de la misma manera vemos al enemigo de los judíos a Aman, tomar ocasión por medio del mandamiento (ley) del rey y por medio del mismo condenar al pueblo judío a completa destrucción;

Romanos 7:11
porque el pecado, aprovechándose del mandamiento, me engañó, y por medio de él me mató.

Romanos 7:9
Y en un tiempo yo vivía sin la ley, pero al venir el mandamiento, el pecado revivió, y yo morí;

En un tiempo el pueblo de los judíos vivía pero ahora que la ley ha venido, el pecado ha tomado fuerza, y el pueblo está condenado. El pecado se aprovechó del mandamiento divino, y en vez de dar vida, a causa de la debilidad en mi carne, me mato. Aman se aprovechó de las leyes irrevocables de los reyes de Media Y Persia y por medio de ellas condeno al pueblo judío a la destrucción.

- **Ester 3:9**

Si al rey le parece bien, decrétese que sean destruidos, y yo pagaré diez mil talentos de plata en manos de los que manejan los negocios del rey, para que los pongan en los tesoros del rey.

Aman buscaba que el rey mismo destruyera al pueblo de Mardoqueo y le ofreció encargarse de los costos el mismo, pero que fuera el rey quien decretara su destrucción. Aman ofreció pagar a los que manejan los negocios del rey 10,000 talentos de plata, y así compensar por cualquier pérdida al reino o al rey por la destrucción de ellos.

- **Ester 3:10**

El rey tomó de su mano el anillo de sellar y se lo dio a Amán, hijo de Hamedata agagueo, enemigo de los judíos.

El rey le dio a Aman autoridad representada por el anillo del rey por medio del cual Aman podía crear este decreto y así lograr ejecutar su malévolo plan. Aman tenía el poder sobre el pueblo de Dios para destruirlos. Aman tenía el poder de la muerte tal como lo expresa el siguiente versículo;

Hebreos 2:14-15
Así que, por cuanto los hijos participan de carne y sangre, El igualmente participó también de lo mismo, para anular mediante la muerte el poder de <u>aquel que tenía el poder de la muerte</u>, es decir, el diablo,
(15) y librar a los que por el temor a la muerte, estaban sujetos a esclavitud durante toda la vida.

Colosenses 1:13
Porque El nos libró del <u>dominio de las tinieblas</u> y nos trasladó al reino de su Hijo amado,

Lucas 1:79
PARA DAR LUZ <u>A LOS QUE HABITAN EN TINIEBLAS Y EN SOMBRA DE MUERTE</u>, para guiar nuestros pies en el camino de paz.

Satanás tiene poder sobre los seres humanos debido a que estos han quebrantado la ley de Dios y la paga del pecado o quebrantamiento de la ley es muerte. Las tinieblas dominaban sobre nosotros, estábamos bajo la condenación de la perfecta y santa ley de Dios. Ya que no somos capaces de cumplir los mandamientos de Dios a perfección, estos vienen a ser a nosotros muerte. El pueblo escogido en Cristo Jesús para salvación no era diferente al resto de los seres humanos, estos de igual manera se encontraban bajo el dominio de las tinieblas y el poder de Satanás.

Esto lo vemos ilustrado en Aman teniendo el anillo del rey, teniendo al pueblo judío bajo su poder. Aman como veremos más adelante pretende eliminar por completo al pueblo de Mardoqueo sin embargo como este pueblo representa al pueblo de Dios en Cristo Jesús tipificado por Mardoqueo, Dios está del lado de ellos.

- ***Ester 3:11***

Y el rey dijo a Amán: Quédate con la plata, y también con el pueblo, para que hagas con él lo que te parezca bien.

El rey le dio a Aman completa autoridad sobre los judíos, aun el dinero ofrecido por Aman, este le dijo que se quedara con él, y que podía hacer con el pueblo como así dispusiera, como a él le pareciera bien.

- ***Ester 3:12***

Entonces fueron llamados los escribas del rey el día trece del mes primero, y conforme a todo lo que Amán había ordenado, fue escrito a los sátrapas del rey, a los gobernadores que estaban sobre cada provincia y a los príncipes de cada pueblo, a cada provincia conforme a su escritura, a cada pueblo conforme a su lengua, escrito en el nombre del rey Asuero y sellado con el anillo del rey.

Enseguida fue Aman y reunió a todos los escribas del rey en el día trece del mes primero, e hizo que estos escribieran de parte del rey y sellado con el anillo del rey a todos los príncipes y sátrapas, oficiales y gobernadores de todas las provincias del reino a cada pueblo en su propia lengua.

- **Ester 3:13**

Y se enviaron cartas por medio de los correos a todas las provincias del rey para destruir, matar y exterminar a todos los judíos, jóvenes y ancianos, niños y mujeres, en un solo día, el día trece del mes doce, que es el mes de Adar, y sus posesiones dadas al saqueo.

Cartas salieron en ruta a todas las provincias y a sus gobernantes por medio de correos con la orden real de matar y destruir, exterminar a todos los judíos chicos y grandes infantes y ancianos y todo esto en un solo día, el día trece del mes doceavo. Todas las pertenencias de los judíos serian saqueadas.

- **Ester 3:14**

La copia del edicto que sería promulgada ley en cada provincia fue publicada a todos los pueblos para que estuvieran preparados para ese día.

Este decreto por el rey a través de Aman, seria ley en cada provincia del reino. En cada pueblo fue publicada para que todos en todo lugar, ejércitos y soldados, ciudadanos y residentes estuvieran preparados para ese día llevar a cabo las órdenes del edicto.

- ### *Ester 3:15*

Salieron los correos apremiados por la orden del rey. El decreto fue promulgado en la fortaleza de Susa, y mientras el rey y Amán se sentaron a beber, la ciudad de Susa estaba consternada.

Salieron pues todos los mensajeros con los correos apresuradamente hacia toda provincia y todo pueblo en el reino con la orden del rey. En la fortaleza de Susa se promulgo el edicto y mientras Aman y el rey Asuero gozaban de un banquete sentados bebiendo, toda la ciudad de Susa estaba confundida entre los llantos del pueblo judío y este edicto tan perverso la población entera se encontraba turbada.

Capitulo 4

- *Ester 4:1*

Cuando Mardoqueo supo todo lo que se había hecho, rasgó sus vestidos, se vistió de cilicio y ceniza, y salió por la ciudad, lamentándose con grande y amargo clamor.

Mardoqueo al enterarse del decreto rompió en gran llanto y tristeza. Una vez que supo todo lo que sea había decretado rasgo sus vestidos en señal de dolor y se vistió de cilicio y de ceniza. Mardoqueo se fue clamando por la ciudad en su amargura. Quizás estaba consciente de que su actitud hacia Aman había provocado todo este odio en él, y que por su culpa había venido toda esta desgracia sobre su pueblo.

- *Ester 4:2*

Y llegó hasta la puerta del rey, porque nadie podía entrar por la puerta del rey vestido de cilicio.

Mardoqueo llego hasta la puerta del rey pero no pudo entrar ya que no era permitido que entraran vestidos de cilicio por la puerta del rey. Mardoqueo probablemente estaba tratando de llegar a Ester y hablar con ella para que como veremos en los próximos versos ella intercediera ante el rey por el pueblo judío.

• **Ester 4:3**

Y en cada una de las provincias y en todo lugar donde llegaba la orden del rey y su decreto, había entre los judíos gran duelo y ayuno, llanto y lamento; y muchos se acostaban sobre cilicio y ceniza.

Cada lugar donde llegaba la ley del rey con respecto a los judíos y de su triste destrucción, estos se lamentaban en gran llanto, dolor y tristeza proclamando en cada lugar ayuno y duelo. Muchos eran los que también como Mardoqueo se acostaban en cilicio y ceniza. El pueblo se encontraba en gran ansiedad, sufrimiento y agonía. De la misma manera como los hijos de Dios cuando se encuentran bajo la convicción del Espíritu Santo con respecto a la ley de Dios, su dolor es profundo e inevitable es el resultado y temerosas las consecuencias. Cuando el hombre de Dios es confrontado por la ley, este al igual que el pueblo judío, entra en una agonía y gran dolor que solo es aliviado por la Verdad de la Cruz. Una vez que se da cuenta de su predicamento y la condición en la cual se encuentra por haber quebrantado la ley, el mismo se quebranta en arrepentimiento y ruega por perdón.

Dice las Escrituras con respecto a la ley divina;

Salmos 19:7
La ley del SEÑOR es perfecta, que restaura el alma; el testimonio del SEÑOR es seguro, que hace sabio al sencillo.

2 Corintios 7:10
Porque la tristeza que es conforme a la voluntad de Dios produce un arrepentimiento que conduce a la salvación, sin dejar pesar; pero la tristeza del mundo produce muerte.

Toda esta tristeza vino de parte del rey sin embargo esta como la que viene departe de Dios, conducirá a salvación eterna. La ley estaba en contra del pueblo judío, las ordenanzas del rey eran contrarias a ellos, estas proclamaban muerte a ellos y no vida. Dice en el nuevo testamento sobre la ley de Dios,

Colosenses 2:14
habiendo cancelado el documento de deuda que consistía en decretos contra nosotros y que nos era adverso, y lo ha quitado de en medio, clavándolo en la cruz.

Efesios 2:15
aboliendo en su carne la enemistad, la ley de los mandamientos expresados en ordenanzas, para crear en sí mismo de los dos un nuevo hombre, estableciendo así la paz,

La ley del rey estaba en contra del pueblo judío, eran ordenanzas que les eran adversas, decretaban su destrucción de la misma manera como la ley divina de Dios decreta que todos los que están bajo ella, están bajo maldición porque no la cumplen. La ley de Dios es el estándar que Dios espera de los hombres para que pueda a ver un estado de paz entre ellos, la ley que quebrantan los condena, los encierra a todos bajo la furia divina de Dios.

- ***Ester 4:4***

Vinieron las doncellas de Ester y sus eunucos y se lo comunicaron, y la reina se angustió en gran manera. Y envió ropa para que Mardoqueo se vistiera y se quitara el cilicio de encima, pero él no la aceptó.

Las doncellas de Ester juntamente con los eunucos que las cuidaban se acercaron donde Ester y le hicieron saber todo lo que estaba sucediendo y el estado de Mardoqueo a la puerta del rey, vestido de cilicio y ceniza. Toda esta noticia la afligió y turbada en gran manera envió ropa para que Mardoqueo se vistiera y así se quitara las ropas de cilicio sin embrago él no las acepto.

- ***Ester 4:5***

Entonces Ester llamó a Hatac, uno de los eunucos que el rey había puesto a su servicio, y le ordenó ir a Mardoqueo para saber qué era aquello y por qué.

Ester teniendo gran confidencia con un eunuco en particular, el cual el rey había puesto para atenderla, le llamo y ordeno que fuera a Mardoqueo y averiguara porque es que estaba vestido de esa manera y porque no había aceptado las ropas que ella le había enviado.

• *Ester 4:6*

Y salió Hatac a donde estaba Mardoqueo en la plaza de la ciudad, frente a la puerta del rey.

Hatac salió de la presencia de la reina Ester y fue donde Mardoqueo que estaba frente a la puerta del rey en la plaza de la ciudad.

• *Ester 4:7*

Y Mardoqueo le informó de todo lo que le había acontecido, y la cantidad exacta de dinero que Amán había prometido pagar a los tesoros del rey por la destrucción de los judíos.

Mardoqueo le contó a Hatac el eunuco sobre todo lo que había acontecido y como Aman había logrado que el rey decretara una orden para la destrucción completa de la nación judía. Mardoqueo mando a decirle a Ester la cantidad exacta que Aman había ofrecido al rey para poner en sus tesoros, diez mil talentos de plata, todo esto para cubrir los gastos de tan terrible ejecución.

• *Ester 4:8*

Le dio también una copia del texto del decreto que había sido promulgado en Susa para la destrucción de los judíos, para que se la mostrara a Ester y le informara, y le mandara que ella fuera al rey para implorar su favor y para interceder ante él por su pueblo.

Mardoqueo le entrego a Hatac el eunuco una copia del edicto que había sido proclamado para la exterminación del pueblo judío con el propósito de que se lo mostrara a Ester y ella fuera donde el rey a interceder por su pueblo.

El pueblo de Dios tiene por responsabilidad la intercesión. Dios ha dispuesto que los hijos del reino intercedan por el resto del pueblo redimido por la sangre de Jesús. Nosotros como hijos de Dios hemos entrado en Su presencia con el propósito de que seamos intercesores por los otros hijos de Dios que se encuentran dispersados por todo el mundo. Hemos venido a gozar de la posición que tenemos para servir a Dios y al resto de sus escogidos. Somos sacerdotes que nos presentamos ante Dios a favor de los hombres, específicamente el resto de los escogidos de Dios.

2 Timoteo 2:10
Por tanto, todo lo soporto por amor a los escogidos, para que también ellos obtengan la salvación que está en Cristo Jesús, y con ella gloria eterna.

Ester se encontraba en la presencia del rey, había llegado a ser la reina de todo Persia y esta posición tenia por propósito la intercesión. Para eso había llegado al reino, para interceder por el resto de su pueblo. ¿No es esta la responsabilidad de todo cristiano? ¿No es el deber de los hijos de Dios interceder ante el Rey de Reyes a favor del resto de sus hermanos?

Ester nos ilustra adecuadamente la situación en que se encuentra la iglesia de Jesucristo. Esta goza de comunión con Dios así como Ester gozaba de la comunión con el rey, pero esta posición no es solo para gozarla sino también para servir como sacerdotes ante Dios a favor del resto de los hijos del reino. Interceder por el resto de nuestros hermanos que aún no han llegado a la fe, es nuestro deber y no una opción. Dicen las Escrituras con respecto a la intercesión;

- **Ezequiel 36:37**

"Así dice el Señor DIOS: 'Aún permitiré a la casa de Israel que me pida hacer esto por ellos: Multiplicar sus hombres como un rebaño.

- **Ester 4:9**

Regresó Hatac y contó a Ester las palabras de Mardoqueo.

Hatac regreso a Ester y le conto todo lo que le había dicho Mardoqueo.

- **Ester 4:10**

Entonces Ester habló a Hatac y le ordenó que respondiera a Mardoqueo:

Entonces Ester le dijo a Hatac que fuera y le respondiera a Mardoqueo lo siguiente,

- *Ester 4:11*

Todos los siervos del rey y el pueblo de las provincias del rey saben que para cualquier hombre o mujer que vaya al rey en el atrio interior, sin ser llamado, él tiene una sola ley, que se le dé muerte, a menos que el rey le extienda el cetro de oro para que viva. Y yo no he sido llamada para ir al rey por estos treinta días.

Ester mando a decir a Mardoqueo que todos los siervos y el pueblo de Persia saben muy bien que nadie, no importa quien sea, hombre o mujer, puede ir y presentarse ante el rey en el atrio interior sin que el rey lo haya llamado. Una sola ley hay para el que haga esto, la muerte, al menos que el rey le extienda su cetro de oro, solo así se salvara.

- *Ester 4:12*

Y contaron a Mardoqueo las palabras de Ester.

Y le dijeron a Mardoqueo lo que había dicho Ester.

- *Ester 4:13*

Entonces Mardoqueo les dijo que respondieran a Ester: No pienses que estando en el palacio del rey sólo tú escaparás entre todos los judíos.

Mardoqueo le mando a decir a Ester: No creas que porque estas en el palacio del rey lograras escapar la destrucción de los judíos.

- *Ester 4:14*

Porque si permaneces callada en este tiempo, alivio y liberación vendrán de otro lugar para los judíos, pero tú y la casa de tu padre pereceréis. ¿Y quién sabe si para una ocasión como ésta tú habrás llegado a ser reina?

Añade Mardoqueo: si tu permaneces callada en estos momentos de angustia para tu pueblo, salvación y respiro vendrá de otro lugar para los judíos pero tú y la casa de tu padre morirán. Sin embargo, ¿quién sabe si para esta precisa situación llegaste tú a ser reina?

¿Para que ha llegado la iglesia a la privilegiada posición de estar en la presencia de Dios?, ¿No es para interceder por el resto de los escogidos? ¿Y porque hemos venido a ser llamados real sacerdocio si no es para interceder por los méritos de Cristo ante el Rey de Reyes a favor del resto del pueblo de Dios?.

- *Ester 4:15*

Y Ester les dijo que respondieran a Mardoqueo:

Ester le mando a decir a Mardoqueo,

- *Ester 4:16*

Ve, reúne a todos los judíos que se encuentran en Susa y ayunad por mí; no comáis ni bebáis por tres días, ni de noche ni de día. También yo y mis doncellas ayunaremos.

Y así iré al rey, lo cual no es conforme a la ley; y si perezco, perezco.

Ve y reúne a todos los judíos en Susa y proclamen ayuno a Dios por mí, tres días sin comer y sin beber, ni en el día ni en la noche toquen alimento o bebida. Ella también ayunara juntamente con sus doncellas. Luego de los tres días Ester entrara a la presencia del rey, lo cual es contrario a la ley, y si pues es condenada a la muerte pues morirá.

- **Ester 4:17**

Y Mardoqueo se fue e hizo conforme a todo lo que Ester le había ordenado.

Mardoqueo viendo que Ester estaba resuelta a hacer lo que él le había hablado, fue entonces e hizo todo lo que Ester le había ordenado que hiciera

Capitulo 5

- *Ester 5:1*

Y aconteció al tercer día que Ester se vistió con sus vestiduras reales y se puso en el atrio interior del palacio del rey delante de los aposentos del rey, y el rey estaba sentado en su trono real en el aposento del trono, frente a la entrada del palacio.

Después de haber pasado los tres días de ayuno, la reina Ester se vistió de sus ropas reales y se puso en un área donde podía ser vista por el rey, en el atrio interior frente a la entrada del palacio justo donde el rey en ese momento se encontraba sentado en su trono real en el aposento del trono. Ester se vistió de sus vestiduras reales, como para hacerle recordar al rey que no es cualquiera que se acerca a su presencia sino su reina, su amada y querida reina. La iglesia del Señor Jesucristo ha sido revestida de un manto de justicia y de vestiduras de salvación, esta puede en la justicia de Cristo por fe acercarse al Rey de Reyes a favor del resto de su pueblo y siempre será recibida como el rey recibió a Ester, con gracia. Siempre vestida a través de la fe de sus ropas reales las cuales fueron provistas por el mismo rey. De la misma manera como Ester acudió a sus ropas reales las cuales traerían a memoria al rey que él fue quien la doto de tanto honor, la iglesia de Jesucristo puede acercarse en fe en las vestiduras provistas por el Rey de Reyes y tener confianza que Dios extenderá Su cetro de oro y esta no perecerá.

Isaías 61:10

En gran manera me gozaré en el SEÑOR, mi alma se regocijará en mi Dios; porque <u>El me ha vestido de ropas de salvación, me ha envuelto en manto de justicia</u> como el novio se engalana con una corona, como la novia se adorna con sus joyas.

- ### Ester 5:2

Y cuando el rey vio a la reina Ester de pie en el atrio, ella obtuvo gracia ante sus ojos; y el rey extendió hacia Ester el cetro de oro que estaba en su mano. Ester entonces se acercó y tocó el extremo del cetro.

Cuando el rey vio a la reina Ester parada frente a él en el atrio, el rey se plació en verla y ella hayo gracia ante los ojos del rey. Este extendió hacia ella su cetro de oro que tenía en la mano, dándole a Ester la oportunidad de acercarse a él. Ella se acercó y toco el cetro.

Por las vestiduras de justicia provistas por el sacrificio de Cristo, la iglesia del Señor es irresistible para Dios, Su oído está siempre dispuesto a escuchar sus peticiones, especialmente cuando son conforme a Su Soberana Voluntad.

Dios nos ha dotado a través de la obra de Su Hijo Jesucristo, de una justicia la cual nos permite presentarnos ante Dios en completa paz y términos de reconciliación. Una oración la cual Dios siempre está dispuesto a responder es cuando oramos en beneficio del resto de Sus hijos. Nos dice;

Josué 1:15

hasta que el SEÑOR dé reposo a vuestros hermanos como a vosotros, y ellos también posean la tierra que el SEÑOR vuestro Dios les da. Entonces volveréis a vuestra tierra y poseeréis lo que Moisés, siervo del SEÑOR, os dio al otro lado del Jordán hacia el oriente.

Esta era la petición de Ester, en beneficio del resto del pueblo de Dios, no iba a pedir por riquezas, ni tampoco por lujo, Ester tenía en mente lo que Dios quiere que nosotros tengamos en mente, la salvación para el resto de los escogidos. De la misma manera el apóstol Pablo tenía la misma mentalidad;

2 Timoteo 2:10

Por tanto, todo lo soporto por amor a los escogidos, para que también ellos obtengan la salvación que está en Cristo Jesús, y con ella gloria eterna.

- *Ester 5:3*

Y el rey le dijo: ¿Qué te preocupa, reina Ester? ¿Y cuál es tu petición? Hasta la mitad del reino se te dará.

El rey le pregunto a Ester si algo le preocupaba, que si tenía ella alguna petición, y le dijo que hasta la mitad del reino se le daría si era eso lo que quería.

Romanos 8:17
y si hijos, también herederos; herederos de Dios y coherederos con Cristo, si en verdad padecemos con El a fin de que también seamos glorificados con El .

- **Ester 5:4**

Ester respondió: Si le place al rey, venga hoy el rey con Amán al banquete que le he preparado.

Ester tenía ya para estos momentos un plan, este consistía primeramente en tener a los dos en un mismo lugar, al rey y a Aman, y esto lo logra al preparar un banquete especialmente para ellos dos. Si este banquete le dio la idea para el segundo banquete no sabemos, pero ciertamente le dio el tiempo para preparar su plan de comunicarle al rey su preocupación.

- **Ester 5:5**

Entonces el rey dijo: Traed pronto a Amán para que hagamos como Ester desea. Y el rey vino con Amán al banquete que Ester había preparado.

El rey dijo entonces que trajeran a Aman para que fuera con él y cumplieran el deseo de Ester, y ambos vinieron al banquete que Ester había preparado para ellos.

- *Ester 5:6*

Y mientras bebían el vino en el banquete, el rey dijo a Ester: ¿Cuál es tu petición?, pues te será concedida. ¿Y cuál es tu deseo? Aun hasta la mitad del reino, se te dará.

Mientras que bebían vino en el banquete, el rey le pregunto a Ester una vez más cuál era su petición, y cuál era su deseo, el cual sería concedido hasta la mitad del reino. Esto reflejaba la excelente relación que tenía Ester con el rey. Aman podía de seguro darse cuenta que el corazón del rey lo tenia Ester.

- *Ester 5:7*

Respondió Ester, y dijo: Mi petición y mi deseo es:

Esto es lo que pido dijo la reina Ester, esto es lo que deseo le dijo al rey.

- *Ester 5:8*

si he hallado gracia ante los ojos del rey, y si le place al rey conceder mi petición y hacer lo que yo pido, que venga el rey con Amán al banquete que yo les preparé, y mañana haré conforme a la palabra del rey.

Le dice la reina Ester: Si he hallado gracia ante los ojos del rey y si al rey le place cumplir mi petición y hacer por mí lo que le pido, entonces que venga juntamente con Aman mañana a otro banquete que preparare para ustedes y entonces mañana le hare saber al rey cual es mi petición y cuál es mi deseo. Se cree que Ester quiso incrementar el afecto del rey hacia ella para que entonces estuviera listo para escuchar su petición la cual no era solamente el banquete, más bien era darle a conocer la maldad de Aman contra su gente y su pueblo.

- **Ester 5:9**

Salió Amán aquel día alegre y con corazón contento; pero cuando Amán vio a Mardoqueo en la puerta del rey y que éste no se levantaba ni temblaba delante de él, Amán se llenó de furor contra Mardoqueo.

Cuando Aman salió ese día de la presencia del rey, salió tan alegre y tan contento de que solo a él de entre todos los príncipes la reina había dado el privilegio de invitar a su banquete con el rey, pero cuando salió del palacio y vio a la puerta del rey, Mardoqueo estaba ahí de pie sin temor y en completo desafío a su autoridad. Aman se llenó de furia y de rabia contra Mardoqueo.

- **Ester 5:10**

Amán, sin embargo, se contuvo, fue a su casa, y mandó traer a sus amigos y a su mujer Zeres.

Pero Aman de contuvo, se aguantó la furia y se fue a su casa, juntando en su casa a todos sus amigos y a su mujer. Seguramente para contarles sobre su buena fortuna ante el rey y la reina y sobre la amargura en su corazón a causa de Mardoqueo.

- *Ester 5:11*

Entonces Amán les contó la gloria de sus riquezas, la multitud de sus hijos, y todas las ocasiones en que el rey le había engrandecido, y cómo le había exaltado sobre los príncipes y siervos del rey.

Aman les comento sobre sus riquezas, sobre su gran cantidad de hijos, y de cómo el rey lo había engrandecido y exaltado aun por encima del resto de los príncipes y siervos del rey. Aman arrogante y altivo como era, alimentaba su ego de las riquezas que poseía y del honor y respeto del cual exigía cuando otros estaban en su presencia.

Ciertamente Satanás se corrompió por la hermosura de su propia apariencia;

Ezequiel 28:17
'*Se enalteció tu corazón <u>a causa de tu hermosura</u>; corrompiste tu sabiduría <u>a causa de tu esplendor</u>. Te arrojé en tierra, te puse delante de los reyes, para que vieran en ti un ejemplo .*

- *Ester 5:12*

Y Amán añadió: Aun la reina Ester no permitió que nadie, excepto yo, viniera con el rey al banquete que ella había preparado; y también para mañana estoy invitado por ella junto con el rey.

Aman continuo su conversación con sus amigos y su esposa, contándoles como la reina no había invitado a nadie sino solo a él al banquete con el rey y que al siguiente día tendrían otro banquete con el rey y que ninguno de los demás príncipes había sido invitado sino solo él.

- **Ester 5:13**

Sin embargo nada de esto me satisface mientras vea al judío Mardoqueo sentado a la puerta del rey.

Tan grande era la amargura de corazón, el golpe a su ego, que ninguna de las cosas que menciono a sus amigos les era de felicidad mientras estuviera en la puerta del rey con vida Mardoqueo. El solo verlo le causaba furia y disturbio en su malvado corazón.

- **Ester 5:14**

Su mujer Zeres y todos sus amigos le dijeron: Haz que se prepare una horca de cincuenta codos de alto, y por la mañana pide al rey que ahorquen a Mardoqueo en ella; entonces ve gozoso con el rey al banquete. Y el consejo agradó a Amán, e hizo preparar la horca.

Su esposa y sus amigos, todos le aconsejaron que mandara a hacer una horca de cincuenta codos de altura y por la mañana fuera donde el rey y pidiera para ahorcarlo, y así podía satisfacer su deseo en relación a Mardoqueo e ir felizmente al banquete con la reina y el rey. A Aman le agrado mucho la idea y mando a construir la horca, se presume en esa misma noche.

Capítulo 6

- *Ester 6:1*

Aquella noche el rey no podía dormir y dio orden que trajeran el libro de las Memorias, las crónicas, y que las leyeran delante del rey.

La misma noche en que Aman mando hacer una horca para matar a Mardoqueo, el rey no podía dormir, y dio órdenes que le trajeran el libro de las crónicas del reino para que le leyeran. Esto no era una coincidencia sino un acto providencial de Dios. En el mismo momento que Aman pretende ir al rey como veremos en los próximos versículos, el rey estará escuchando de los anales de reino como en una ocasión, Mardoqueo salvo la vida del rey.

- *Ester 6:2*

Y fue hallado escrito lo que Mardoqueo había informado acerca de Bigtán y Teres, dos de los eunucos del rey, guardianes del umbral, de que ellos habían procurado echar mano al rey Asuero.

Precisamente en ese momento los siervos que leían de los anales de reino, estaban leyendo el relato de lo que Mardoqueo hizo, al salvarle la vida al rey cuando se enteró de los planes de los eunucos quienes planeaban quitarle la vida. Mardoqueo le conto a Ester y Ester le hizo saber al rey. Una investigación se hizo y se encontró cierto lo que estos dos eunucos trataron de hacer y el rey los mando a ahorcar. Cinco años habían pasado desde que esto se escribió en las crónicas del reino, lo cual demuestra la providencia divina que reguardo este asunto del rey, hasta que viniese el tiempo oportuno.

- ***Ester 6:3***

Y el rey preguntó: ¿Qué honor o distinción se le ha dado a Mardoqueo por esto? Respondieron los siervos del rey que le servían: Nada se ha hecho por él.

El rey pregunto que había sido hecho a favor de Mardoqueo por haberle salvado la vida al rey, si se le había hecho un honor o alguna distinción para premiarlo, a lo cual los siervos del rey le contestaron que no, que nada había sido hecho por él. No es casualidad de que hasta ahora, en la misma noche que Aman pretende pedir la muerte de Mardoqueo, es cuando el rey escucha de él y de su fidelidad al rey.

- ***Ester 6:4***

Entonces el rey preguntó: ¿Quién está en el atrio? Y Amán acababa de entrar al atrio exterior del palacio del rey, para pedir al rey que hiciera ahorcar a Mardoqueo en la horca que él le había preparado.

Con el propósito y la intención de honrar a Mardoqueo, el rey pregunta quien está en el atrio para llevar a cabo sus órdenes.

Y por divina providencia, Aman acababa de entrar al atrio exterior para pedirle al rey permiso para ahorcar a Mardoqueo, pues hasta la horca ya estaba hecha. Un poco irónico y cómica la situación en que se encuentra Aman, en su afán de matar a Mardoqueo pronto vera que aquel quien el desea matar es aquel a quien el rey desea honrar.

- *Ester 6:5*

Y los siervos del rey le respondieron: He aquí, Amán está en el atrio. Y el rey dijo: Que entre.

Los siervos de rey le dijeron que Aman se encontraba en el atrio, y el rey les dijo que lo hicieran entrar.

- *Ester 6:6*

Cuando Amán entró, el rey le preguntó: ¿Qué se debe hacer para el hombre a quien el rey quiere honrar? Y Amán se dijo: ¿A quién desearía el rey honrar más que a mí?

Una vez que los siervos del rey hablaron con Aman y le dijeron que el rey le buscaba, Aman debió sentirse tan afortunado, no tuvo que buscar una audiencia con el rey sino que el mismo rey busco una audiencia con él, ciertamente habrá pensado Aman que sus dioses estaban con él y que por fin podría deshacerse de Mardoqueo el judío. Cuando entro Aman a la presencia del rey este le pregunto: ¿Qué crees que se debe hacer con el hombre al cual el rey quiere honrar? Y Aman pensó dentro de sí mismo: ¿A quién el rey desearía honrar más que a mí?

Esto debió ser un momento tan grandioso para Aman, pensaba que sería enaltecido por el rey, la horca estaba ya lista, era el principal de los príncipes y siervos del rey, gozaba de gran riqueza en dinero tanto como en hijos y ahora sería una vez más exaltado por el rey y la gran amargura de su corazón Mardoqueo pensaba él, estaba a solo horas de su ejecución. Que podría ir mal, la suerte está a su favor, Aman probablemente pensaba. Sin embargo su sorpresa fue grande.

• **Ester 6:7**

Y Amán respondió al rey: Para el hombre a quien el rey quiere honrar,

Creyendo Aman que el hombre a quien el rey deseaba honrar era él, su respuesta fue conforme al honor y exaltación que él desearía recibir, no fue modesto más bien fue tan lejos en su orgullo que su respuesta fue nada corta de ostentosa. Aman quería ser exaltado y pensó que esta era la perfecta oportunidad para ser exaltado frente a toda la ciudad. Aman le responde al rey;

- **Ester 6:8**

traigan un manto real con que se haya vestido el rey, y un caballo en el cual el rey haya montado y en cuya cabeza se haya colocado una diadema real;

Aman le dice al rey que aquella persona a la cual el rey desea honrar, que sea vestido de un manto real que el rey haya utilizado y un caballo el cual el rey haya montado y que una diadema real sea colocada en su cabeza. Aman quería ser visto como el rey. Quería la gloria del rey. Este fue el pecado que cometió satanás, se quiso igualar a Dios.

- **Ester 6:9**

y el manto y el caballo sean entregados en mano de uno de los príncipes más nobles del rey, y vistan al hombre a quien el rey quiere honrar, le lleven a caballo por la plaza de la ciudad y pregonen delante de él: "Así se hace al hombre a quien el rey quiere honrar."

Y que el manto y el caballo sean entregados a uno de los príncipes más nobles, Aman buscaba ser honrado por encima de los demás príncipes, buscaba que el rey lo honrara por encima de ellos y que ellos se sintieran menos que él, su codicia no tenía límites,… y que este vista al hombre a quien el rey quiere honrar, que humillante para ese príncipe, tener que vestir a otro príncipe de rey pero todo esto estaba en la mente de Aman,…y que le lleven en el caballo por la plaza de la ciudad y pregonen delante de él: "De esta manera se hace al hombre a quien el rey quiere honrar." Aman buscaba su propia gloria pero como veremos, encontró gran humillación.

• **Ester 6:10**

Entonces el rey dijo a Amán: Toma presto el manto y el caballo como has dicho, y hazlo así con el judío Mardoqueo, que está sentado a la puerta del rey; no omitas nada de todo lo que has dicho.

Aquí la noticia que azotaría el corazón de Aman. Todo lo que él pensaba que sería para su propia exaltación, vino a ser la exaltación de su enemigo Mardoqueo y esto por sus propias manos. Grande debió ser la vergüenza de Aman, cuando fue ordenado por el rey a exaltar a Mardoqueo, a quien él buscaba ahorcar, ahora ese mismo por orden del rey Aman tiene que exaltar. Y no otro príncipe debe hacerlo, pues el rey le dijo al mismo Aman que tomara el manto y el caballo y que hiciera así de la manera como había dicho, y que hiciera así con Mardoqueo. Dicen las Escrituras,

Lucas 18:14b
... porque todo el que se ensalza será humillado, pero el que se humilla será ensalzado.

Aman buscaba ser visto como el rey, pidió la corona real, el caballo del rey, y un manto que el rey había utilizado. Aman buscaba gran honor y gloria, quería ser igualado al rey. Me recuerda a Lucifer quien quiso subir al monte santo e igualarse a Dios.

Isaías 14:14
"Subiré sobre las alturas de las nubes, me haré semejante al Altísimo."

Aman como Satanás, buscaba la exaltación de sí mismo. Aman trato de destruir a su enemigo, pero termino exaltándolo con sus propias manos. No solo tuvo Aman que personalmente llevar a Mardoqueo en el caballo por la plaza de la ciudad sino que también tenía que pregonar en voz alta que así era como el rey honra a los hombres que él desea honrar. La vergüenza de Aman tenía que ser bastante grande pues a Mardoqueo le estaba haciendo tal y cual como el mismo le sugirió al rey. El rey le había dicho a Aman, que no omitiera nada de lo que le había dicho al rey sino que hiciera tal y cual como le dijo.

- **Ester 6:11**

Y Amán tomó el manto y el caballo, vistió a Mardoqueo y lo llevó a caballo por la plaza de la ciudad, y pregonó delante de él: Así se hace al hombre a quien el rey quiere honrar.

Terrible fue la derrota de Aman ante Mardoqueo a quien por orden del rey este tuvo que exaltar, llevándolo por la plaza de la ciudad y pregonando: "Así se hace al hombre a quien el rey quiere honrar". Gran vergüenza y aún más grande la victoria de Mardoqueo quien en vez de ser ahorcado, ahora está siendo exaltado por el mismo hombre que lo buscaba ahorcar.

Esto me recuerda al triunfo de Jesucristo en aquella cruz cuando aquel ángel caído le hirió el calcañar pero Cristo ahí mismo le destruyo la cabeza. Nos dicen las escrituras;

Colosenses 2:15
Y habiendo despojado a los poderes y autoridades, <u>hizo de ellos un espectáculo público</u>, triunfando sobre ellos por medio de El.

De la misma manera como Mardoqueo triunfo sobre Aman, exhibiéndolo públicamente, haciendo de el un espectáculo público, así mismo Cristo triunfo sobre el poder del maligno en la cruz del calvario y allí lo exhibió como nos relata este versículo.

• **Ester 6:12**

Después Mardoqueo regresó a la puerta del rey, pero Amán se apresuró a volver a su casa, lamentándose, con la cabeza cubierta.

Tan grande era la vergüenza de Aman que después de la humillación que sufrió se apresuró a irse a su casa con la cabeza cubierta, lamentándose dice el versículo, odio, rabia, orgullo, altivez, todas estas satánicas emociones burbujeando en su corazón. Acababa de ser avergonzado públicamente por el mismo hombre que se negaba inclinar ante él, por aquel para quien él había erigido una horca frente a su casa.

- **Ester 6:13**

Y Amán contó a su mujer Zeres y a todos sus amigos todo lo que le había acontecido. Entonces sus sabios y su mujer Zeres le dijeron: Si Mardoqueo, delante de quien has comenzado a caer, es de descendencia judía, no podrás con él, sino que ciertamente caerás delante de él.

Al llegar a casa Aman le conto a su mujer y a todos sus amigos todo lo que le había pasado. Los sabios a quien el consultaba y su mujer le dijeron que si este Mardoqueo ante quien había empezado a caer era de la descendencia de los judíos, entonces no podría contra el sino que ciertamente caería ante él.

- **Ester 6:14**

Aún estaban hablando con él, cuando llegaron los eunucos del rey y llevaron aprisa a Amán al banquete que Ester había preparado.

Aún estaban hablando cuando llegaron a la casa de Aman los eunucos del rey para llevarse aprisa a Aman al banquete que había sido preparado para el rey y para él. Esto debió haber sido como un aire fresco para Aman, habrá pensado bueno por lo menos ya paso todo, y aun soy el favorito del rey y de la reina. Desde la noche anterior cuando fue a donde el rey hasta estas horas de la tarde, Aman no había sufrido más que completa vergüenza y grandísima humillación, ahora pensaba el probablemente, que tendría por fin un descanso en el banquete en la presencia de la reina y el rey.

Capitulo 7

- *Ester 7:1*

Y el rey y Amán fueron al banquete a beber vino con la reina Ester.

Fueron entonces el rey y Aman al banquete de Ester a beber vino. Aman habrá pensado que sus presentes circunstancias son buenas y que ya la vergüenza había pasado, sin embargo le esperaba una gran sorpresa.

- *Ester 7:2*

También el segundo día, mientras bebían vino en el banquete, el rey dijo a Ester: ¿Cuál es tu petición, reina Ester? Te será concedida. ¿Cuál es tu deseo? Hasta la mitad del reino se te dará.

De igual manera como en el primer banquete de la reina, nuevamente el rey le pregunta a Ester, cuál es su petición y cuál era su deseo. El rey mostrando gran estima y amor a su reina le dice nuevamente, hasta la mitad del reino se te dará. Aman junto a ellos bebiendo vino con el rey.

• **Ester 7:3**

Respondió la reina Ester, y dijo: Si he hallado gracia ante tus ojos, oh rey, y si le place al rey, que me sea concedida la vida según mi petición, y la de mi pueblo según mi deseo;

La reina le respondió al rey que ella deseaba su vida, que lo que buscaba era la vida de su pueblo. Le dijo al rey que ella y su pueblo estaban en peligro de muerte.

• **Ester 7:4**

porque hemos sido vendidos, yo y mi pueblo, para el exterminio, para la matanza y para la destrucción. Y si sólo hubiéramos sido vendidos como esclavos o esclavas, hubiera permanecido callada, porque el mal no se podría comparar con el disgusto del rey.

Añadió la reina Ester, que habían sido vendidos, ella y su pueblo, a la matanza, al exterminio y para destrucción, que si tan solo hubieran sido vendidos como esclavos o esclavas (se incluye ahí) no hubiera abierto su boca pues no valía la pena que por el enemigo el rey sufriera disgusto. La reina Ester trata de dejar en la mente del rey una impresión del daño que fuera para el rey si todo ese pueblo fuera exterminado. Ester menciona la palabra vender pues sabía a través de la copia del decreto que Mardoqueo le envió con el eunuco, que Aman había ofrecido 10,000 talentos de plata para la destrucción de los judíos. La pérdida para el reino seria grande al eliminar tan gran multitud. Ester estaba tratando de hacerle saber al rey que si tan solo hubieran sido vendidos a la esclavitud ella no hubiera abierto su boca pero como se trataba de todo un pueblo, el daño seria irreparable para la tesorería del rey. Ester le hace ver al rey que ella se encuentra en gran tristeza y preocupación, ya que ella y todo su pueblo habían sido destinados a la destrucción.

¿Fuera para Dios una perdida si Su pueblo escogido se pudiera perder?, ¿No ha destinado Dios un pueblo para que le adore por toda la eternidad?, ¿Qué dirían los enemigos de Dios si el pueblo redimido por la Sangre de Jesucristo se pudiera perder?, ¿No dice Cristo que nadie los puede arrebatar de Su Mano?

Juan 10:27-29
(27) Mis ovejas oyen mi voz, y yo las conozco, y me siguen,
(28) y yo les doy vida eterna; y no perecerán jamás, ni nadie las arrebatará de mi mano.
(29) Mi Padre que me las dio, es mayor que todos, y nadie las puede arrebatar de la mano de mi Padre.

- *Ester 7:5*

Entonces el rey Asuero preguntó a la reina Ester: ¿Quién es, y dónde está el que pretende hacer tal cosa?

El rey entonces le pregunto a la reina quien era el que pretendía hacer esto y donde se encontraba, quien se atrevería a destruir toda una nación y a tener la osadía de mandar a matar a su reina.

- **Ester 7:6**

Y Ester respondió: ¡El adversario y enemigo es este malvado Amán! Entonces Amán se sobrecogió de terror delante del rey y de la reina.

Le dijo Ester al rey, sin duda alguna apuntando con el dedo a Aman, "este es el enemigo, el malvado es Aman". Dice el versículo que se le hundió el corazón a Aman, gran terror y temor sobrecogió a Aman delante del rey y su reina. El terror de Aman debió ser indescriptible, un segundo está bebiendo con el rey y el otro esta noticia, la reina Ester es judía, y este procuro la destrucción de todos los judíos, tal y como les dijeron sus adivinadores, no podrás contra este (Mardoqueo) estas cayendo ante él y ante su pueblo.

- **Ester 7:7**

Y dejando de beber vino, el rey se levantó lleno de furor y salió al jardín del palacio; pero Amán se quedó para rogar por su vida a la reina Ester, porque vio que el mal había sido determinado contra él por el rey.

El rey dejo su copa de vino, se levantó lleno de furia, salió del banquete y se fue al jardín del palacio. Aman se quedó con la reina Ester rogando por su vida pues sabía muy bien que el mal había sido determinado contra el de parte del rey. El terror en el corazón de Aman, el miedo al ver que había llegado su final, ciertamente sería ejecutado. A los pies de la reina seguramente implorando por misericordia,

Aman ruega a la reina sabiendo que es contra ella y su pueblo que él con gran odio se había levantado.

- **Ester 7:8**

Cuando el rey volvió del jardín del palacio al lugar donde estaban bebiendo vino, Amán se había dejado caer sobre el lecho donde se hallaba Ester. Entonces el rey dijo: ¿Aún se atreve a hacer violencia a la reina estando yo en la casa? Al salir la palabra de la boca del rey, cubrieron el rostro a Amán.

Cuando el rey regreso del jardín al lugar donde habían estado bebiendo vino, el área del banquete, el rey vio a Aman que se había literalmente tirado en el lecho de la reina, rogando que la reina lo perdonara y quizás que hablara con el rey a su favor, pero el rey estaba determinado, si no había venido en el jardín a la conclusión de matar a Aman, ahora que lo vio encima de ella, definitivamente sí. El rey al verla pregunto que si aun con todo lo que Aman había hecho ahora en esos momentos también se atrevía a hacerle fuerza a la reina. Las palabras acababan de salir de su boca cuando los siervos ahí presentes le taparon la cabeza a Aman. Listo para la horca.

- **Ester 7:9**

Entonces Harbona, uno de los eunucos que estaban delante del rey, dijo: He aquí precisamente, la horca de cincuenta codos de alto está en la casa de Amán, la cual había preparado Amán para Mardoqueo, quien había hablado bien en favor del rey. Y el rey dijo: Ahorcadlo en ella.

Harbona, uno de los siete príncipes que estaban en la presencia del rey se encontraba en el banquete, y le dijo al rey que había una horca en la casa de Aman de cincuenta codos de altura la cual Aman había preparado para colgar a Mardoqueo quien había descubierto el plan que habían tramado para matar al rey. El rey dijo que lo ahorcaran en ella.

- **Ester 7:10**

Colgaron, pues, a Amán en la horca que había preparado para Mardoqueo, y se aplacó el furor del rey.

Aman fue ahorcado en la misma horca que él había preparado para Mardoqueo. Fue esto lo que aplaco la furia del rey. Las Escrituras nos enseñan que fue en la cruz del calvario donde Satanás hirió el calcañar de Cristo como había sido prometido desde el libro de Génesis, ahora fue en esa misma cruz que el Salvador le destruyo la cabeza a Satanás. Donde Aman pretendía eliminar a Mardoqueo, este triunfó sobre él, y fue Aman el que fue destruido allí. Con su propia arma Mardoqueo lo venció, que maravillosa ilustración de lo que Cristo le hizo a Satanás en la cruz, como dicen las Escrituras;

Hebreos 2:14

Así que, por cuanto los hijos participan de carne y sangre, El igualmente participó también de lo mismo, <u>para anular mediante la muerte el poder de aquel que tenía el poder de la muerte</u>, es decir, el diablo,

Así como David destruyo al enemigo con su propia espada, y así como Mardoqueo destruyo a Aman con su propia horca, de la misma manera Cristo venció al que tenía el poder de la muerte con la misma muerte. La muerte de Cristo fue el medio por el cual El venció al que tenía el poder de la muerte, esto es, a Satanás. La muerte y el sufrimiento de Cristo fue necesario debido por los pecados de todos los escogidos de Dios, pecados que fueron imputados por Dios. Satanás le hirió el calcañar a Jesucristo pero en aquel mismo lugar Cristo le destruyo la cabeza, esto se ve hermosamente ilustrado en esta parte de la historia de Ester. En el mismo lugar donde Aman pensó herir a Mardoqueo, ahí mismo se destruyó el mismo.

Capítulo 8

- *Ester 8:1*

Aquel mismo día el rey Asuero dio a la reina Ester la casa de Amán, enemigo de los judíos; y Mardoqueo vino delante del rey, porque Ester le había revelado lo que era él para ella.

El mismo día que ahorcaron a Aman, el enemigo de los judíos, el rey le dio a la reina Ester la casa de Aman con todas sus pertenencias. Ester le conto al rey la relación que ella tenía con Mardoqueo, y el rey le mando a llamar. Habiendo confiscado el rey todo lo que pertenecía a Aman, todo se lo dio a Ester quien hubiera sido víctima de aquel malévolo plan. Es muy significativo que aunque ahora el enemigo y su casa estaban bajo el poder de Ester, ella lo puso todo bajo la autoridad de Mardoqueo como vemos en el siguiente versículo.

- *Ester 8:2*

Entonces el rey se quitó el anillo que había recobrado de Amán, y se lo dio a Mardoqueo. Y Ester puso a Mardoqueo sobre la casa de Amán.

El rey tomo el anillo el cual había recobrado de Aman, y se lo dio a Mardoqueo. Toda la autoridad que poseía Aman ahora pertenece a Mardoqueo, ahora él es exaltado ante el rey como uno de sus príncipes. Ahora Mardoqueo tiene el anillo del rey por medio del cual puede crear edictos y decretos bajo la autoridad del rey, y como veremos en los siguientes versículos, crear una ley que contrarrestara la ley que proclamo Aman contra los judíos en nombre del rey. Ester puso todo lo que el rey le había dado de Aman en manos de Mardoqueo, esto posiblemente es porque ella consideraba a Mardoqueo como un hombre sabio quien sabría exactamente qué hacer con la casa de Aman.

• **Ester 8:3**

Ester habló de nuevo delante del rey, cayó a sus pies, y llorando, le imploró que impidiera los propósitos perversos de Amán agagueo y el plan que había tramado contra los judíos.

La reina Ester se arrodillo delante del rey para rogarle, llorando le imploro que detuviera los propósitos de Aman, que hiciera algo al respecto ese decreto en contra del pueblo judío. Ester apelo al rey esperando que el rey pudiera hacer algo al respecto la ley que declaro en contra de los judíos por medio del malvado Aman. Sin embargo toda ley sellada con el anillo del rey, no puede ser revocada. La ley de Dios, su ley moral, es buena y perfecta, no puede ser revocada, aunque los hombres no puedan por la debilidad de la carne cumplir con sus demandas, esta es irrevocable, ilustrado aquí por el sello del anillo del rey. El pueblo se veía en condenación bajo la ley del rey, esta ley le condena debido a que no la cumplen a perfección, lo único que salvara al pueblo de Dios, es una ley que les libre de la condenación que trae la ley moral de Dios. Debemos poner atención a esta parte del relato, el pueblo está condenado bajo una ley la cual procede del rey, es irrevocable porque fue sellada con el anillo del rey, la situación está aparentemente sin esperanza, no hay más autoridad que la del rey, y es su ley la que condena al pueblo de Dios.

- **Ester 8:4**

Extendió el rey hacia Ester el cetro de oro, y Ester se levantó y se puso delante del rey,

El rey extendió hacia Ester el cetro de oro, y Ester se levantó y se puso frente al rey para hablarle. La iglesia siempre tiene el privilegio de venir a Dios en petición especialmente en petición por el bien del resto del pueblo de Dios.

- **Ester 8:5**

y dijo: Si le place al rey, y si he hallado gracia delante de él, si el asunto le parece bien al rey y yo soy grata ante sus ojos, que se escriba para revocar las cartas concebidas por Amán, hijo de Hamedata, agagueo, las cuales escribió para destruir a los judíos que están en todas las provincias del rey.

La reina apelo al rey, diciéndole que si ella le placía, y si el asunto le agradaba y le parecía bien ante sus ojos, que se escribiera, de la misma manera como Aman escribió el decreto en contra de los judíos, que si era agradable ante sus ojos que se escribiera también un decreto para contrarrestar las cartas hechas por Aman que fueron enviadas para la destrucción de todos los judíos en todas las provincias del rey. La reina nos da la clave para comprender lo que está ocurriendo hasta ahora, Una ley, la del rey por medio de Aman, ha venido a ser condenación para el pueblo, sin embargo una ley del rey, por medio de Mardoqueo quien tiene el anillo del rey, les librara de la condenación de la primera ley. Esto es maravillosamente explicado por el apóstol Pablo en la carta a los romanos;

Romanos 8:2-4
(2) Porque <u>la ley del Espíritu de vida</u> en Cristo Jesús te ha libertado de <u>la ley del pecado y de la muerte</u>.
(3) Pues lo que la ley no pudo hacer, ya que era débil por causa de la carne, Dios lo hizo : enviando a su propio Hijo en semejanza de carne de pecado y como ofrenda por el pecado, condenó al pecado en la carne,
(4) para que el requisito de la ley se cumpliera en nosotros, que no andamos conforme a la carne, sino conforme al Espíritu.

La ley del Espíritu de Vida en Cristo Jesús nos libró de la ley del pecado y de la muerte. Pues la primera ley no pudo por la debilidad de nuestra carne, justificar nos ante Dios, más bien esta ley por nuestra incapacidad para cumplirla lo que ha hecho en vez de concedernos vida, nos ha condenado a muerte. Así como Aman, el pecado tomo ocasión por el mandamiento y por medio de este nos mató, pero Jesucristo ilustrado por Mardoqueo, tomara el mismo anillo y preparara una nueva ley la cual librara al pueblo de la condenación de la primera ley. Nosotros los seres humanos no le debemos nada al diablo, pues no hemos pecado contra él, es la ley de Dios la cual nosotros hemos quebrantado, el problema no es con el diablo sino con Dios. Por eso el problema del pueblo no es con Aman solamente sino con el rey principalmente, pero ahora la situación ha cambiado, ahora aun el rey está del lado de los judíos, él no puede revocar su ley pero si puede autorizar a Mardoqueo que escriba un decreto a favor del pueblo judío y que también sea irrevocable.

Dios no puede revocar su ley moral, los diez mandamientos pues estos aunque condenen a los hombres, el mandamiento es bueno, santo y perfecto, la solución está en una nueva ley que ayude a librarles de la ley que los condena. Pronto veremos cómo Mardoqueo prepara una ley la cual es también irrevocable, y le da esperanza al pueblo judío. Nosotros podemos ver en esta ilustración, como Jesucristo, y la ley de gracia que hay en El, nos libra del poder la le ley del pecado y de la muerte. Jesucristo no abrogo la ley de Dios, la misma ley que nos condena, más bien la cumplió hasta la última iota y coma, para que en nosotros que creemos en su nombre, los requisitos de la ley se cumplieran en nosotros. Mardoqueo es una ilustración del Señor Jesucristo, y como por la ley del Espíritu de Vida en Cristo Jesús fuimos librados de la ley del pecado y de la muerte.

- *Ester 8:6*

Porque ¿cómo podría yo ver la calamidad que caería sobre mi pueblo? ¿Cómo podría yo ver la destrucción de mi gente?

La reina Ester continua implorándole al rey, rogándole que haga algo al respecto pues como podría ella ver la destrucción de su pueblo y la tristeza que vendría sobre él.

La iglesia tiene por misión, interceder ante Dios por el pueblo, por sus escogidos, por los que aún faltan por entrar en su heredad. Esta ilustración adecuadamente nos demuestra la misión de la iglesia, su posición ante el Rey de Reyes como intercesora en beneficio del resto del pueblo de Dios.

Efesios 6:18
Con toda oración y súplica orad en todo tiempo en el Espíritu, y así, velad con toda perseverancia y súplica por todos los santos;

- *Ester 8:7*

Entonces el rey Asuero dijo a la reina Ester y al judío Mardoqueo: He aquí, he dado a Ester la casa de Amán, y a él le han colgado en la horca porque extendió su mano contra los judíos.

El rey le contesto a la reina que a Aman ya lo habían colgado en la misma horca que este había preparado para

Mardoqueo quien había salvado la vida del rey. El rey le dice a Ester y a Mardoqueo que además de la muerte de Aman, también el rey había dado a Ester la casa de Aman, la cual Ester le dio a Mardoqueo.

- **Ester 8:8**

Vosotros, pues, escribid acerca de los judíos como os parezca bien, en nombre del rey, y selladlo con el anillo del rey; porque un decreto que está escrito en nombre del rey y sellado con el anillo del rey no puede ser revocado.

El rey le dice a Mardoqueo y a Ester que escriban acerca los judíos, de la manera como quieran, en nombre del rey, y que lo sellen con el anillo de rey. Todo documento sellado con el anillo del rey es irrevocable. De la misma manera como el documento del rey, provocado por Aman tenía el sello del rey y venia en su nombre, este documento no puede ser revocado.

Ahora Mardoqueo tenía el anillo del rey y el permiso para escribir en su nombre y aunque el primer edicto no podía ser revocado, ellos ahora podrían escribir un nuevo edicto el cual sería favorable a los judíos y tampoco sería revocable. Cristo a quien Mardoqueo ilustra tan maravillosamente, cumplió la ley por los que en El creen y rindió completa satisfacción a la ley en lugar de ellos. Cristo fue quien nos libró de la condenación que era nuestra por quebrantar la ley de Dios. La ley del rey que Aman había logrado conseguir, les daba a los residentes y ejércitos del reino, autoridad para destruir, matar y eliminar a todo judío, ahora era el trabajo de Mardoqueo crear una ley que contrarrestara esta primera ley, que aunque es imposible revocarla, es posible a través de crear una nueva ley, enfrentar sus efectos, pero he aquí el gran misterio, ¿Cómo Dios justifica a una criatura la cual su propia ley condena?, ¿Como Dios declara justo al injusto y El a la vez permanece justo? Nuevamente para responder a esta pregunta veremos estos versos;

Romanos 8:2-4
(2) Porque la ley del Espíritu de vida en Cristo Jesús te ha libertado de la ley del pecado y de la muerte.
(3) Pues lo que la ley no pudo hacer, ya que era débil por causa de la carne, Dios lo hizo: enviando a su propio Hijo en semejanza de carne de pecado y como ofrenda por el pecado, condenó al pecado en la carne,
(4) <u>para que el requisito de la ley se cumpliera en nosotros</u>, que no andamos conforme a la carne, sino conforme al Espíritu.

Y otra vez,

Romanos 3:25-26
(25) a quien Dios puso como propiciación por medio de la fe en su sangre, para manifestar su justicia, a causa de haber pasado por alto, en su paciencia, los pecados pasados,
(26) con la mira de manifestar en este tiempo su justicia, a fin de que él sea el justo, y el que justifica al que es de la fe de Jesús.

Lo que la ley no podría lograr porque era irrevocable en naturaleza, buena, santa y perfecta, y aunque el pecado

(Aman) haya tomado ocasión por ella para condenar al pueblo de Dios, Dios soluciono al mandar a Su Hijo (Mardoqueo) en semejanza de cuerpo de pecado y condeno el pecado de tal manera que el requisito de la ley, la cual Aman tomo por ocasión para condenarlos, ahora había sido cumplido por nosotros en El.

- ***Ester 8:9***

Y fueron llamados los escribas del rey en aquel momento en el mes tercero (es decir, el mes de Siván), en el día veintitrés; y conforme a todo lo que ordenó Mardoqueo se escribió a los judíos, a los sátrapas, a los gobernadores y a los príncipes de las provincias que se extendían desde la India hasta Etiopía, ciento veintisiete provincias, a cada provincia conforme a su escritura, y a cada pueblo conforme a su lengua, y a los judíos conforme a su escritura y a su lengua.

En el mes tercero, en el día veintitrés, dándoles oportunidad a los judíos de prepararse para la ejecución de la ley del rey, Mardoqueo reunió a los escribas del rey y se escribió a todos los judíos, sátrapas, a los gobernadores y a los príncipes de todas las provincias en todo el reino desde la india hasta Etiopia, el mismo terreno donde había llegado el edicto de Aman. A cada pueblo según su lengua, a los judíos según su lengua, y a cada nación según su hablar. Debemos tener en cuenta que el pueblo judío se encontraba bajo condenación, condenación por una ley la cual había salido del rey, esta condenación era justa, pues ilustra la condición del seres humanos ante Dios, específicamente la condición del pueblo de Dios ante El. Su propia ley le condena, esa ley que es justa, santa y perfecta, le condena ya que no están en la capacidad de cumplirla a cabalidad. Esto está ilustrado por la ley la cual Aman tomo por ocasión para matarlos, esta ley no puede ser revocada porque no hay nada defectuoso en ella, es justa y perfecta, y es la expresión de la santidad de Dios.

La solución estará en la creación de una nueva ley la cual dará vida a los judíos.

- ***Ester 8:10***

Y se escribió en el nombre del rey Asuero y se selló con el anillo del rey, y se enviaron las cartas por medio de correos a caballo, que montaban en corceles engendrados por caballos reales.

Y Mardoqueo escribió en nombre del rey, pues el rey le había concedido esto, y toda carta fue sellada con el anillo del rey y las cartas se enviaron por medio de mensajeros en caballos los cuales habían sido engendrados por los caballos del rey.

- ***Ester 8:11***

En ellas el rey concedía a los judíos que estaban en cada ciudad el derecho de reunirse y defender su vida, de destruir, de matar y de exterminar al ejército de cualquier pueblo o provincia que los atacara, incluso a niños y mujeres, y de saquear sus bienes,

En las cartas el rey le concedía a los judíos en cada ciudad y en cada pueblo el derecho de reunirse y defenderse de cualquiera que tratara de matarlos o hacerles algún daño, ellos mismos podían atacar, destruir, matar, exterminar a cualquier ejército, pueblo, o provincia que tratara de hacerles algún daño, incluyendo niños y mujeres, el judío podía defenderse. También estaba el judío en derecho de saquear los bienes de los que trataran de hacerles algún daño. El judío ya no estaba indefenso, sin esperanza, sino que el mismo rey que había dicho por ley que debían ser destruidos, ahora también ha dicho que se pueden defender.

Los hijos de Dios han sido librados de la condenación de la ley de Dios gracias a la obra de Jesucristo, esto está ilustrado por Mardoqueo decretando una nueva ley la cual les libra de la condenación de la primera. ¿En qué consiste nuestra liberación? En simplemente gozar del resto de nuestros días en la tierra prometida del cristianismo, o ¿no consiste la vida del cristiano en una continua batalla contra las pasiones pecaminosas que batallan contra nuestra alma? Los judíos podían defenderse, al igual que los que están en Cristo Jesús, pueden batallar y pelear contra las pasiones y deseos que quieren la destrucción de nuestras almas. No solo hemos sido librados de la condenación del pecado sino también hemos sido librados del poder del mismo. No estamos obligados a quedarnos quietos y verlos destruirnos, no, podemos pelear de vuelta, tenemos en los lugares celestiales a uno más grande que Mardoqueo, uno como nosotros, a Cristo Jesús, a la diestra del Padre, para interceder por siempre por nosotros. La oración y la meditación en la Palabra, estas cosas son las herramientas que Dios nos ha dado para pelear la buena batalla de la fe.

- **Ester 8:12**

en un mismo día en todas las provincias del rey Asuero, el día trece del mes doce (es decir, el mes de Adar).

En este día en que según el otro edicto del rey, los judíos debían de ser exterminados, en ese preciso día los judíos pueden atacar, destruir, matar y exterminar a cualquiera que trate de hacerles daño. En el día trece del mes doce. Una ley declara que deben ser exterminados en esa fecha, la otra ley dice que estos que deben ser exterminados, pueden defenderse en esa fecha.

- **Ester 8:13**

Una copia del edicto que había de promulgarse como ley en cada provincia fue publicado a todos los pueblos, para que los judíos estuvieran listos para ese día a fin de vengarse de sus enemigos.

Una copia del edicto que debía ser promulgado como ley en cada provincia del reino, fue publicado en todos los pueblos, para que los judíos supieran que podían alistarse para ese día trece del mes doce con el fin de defenderse de los que buscaran hacerles daño. Para que estuvieran listos para defenderse de sus enemigos.

- **Ester 8:14**

Los correos, apresurados y apremiados por la orden del rey, salieron montados en los corceles reales; y el decreto fue promulgado en la fortaleza de Susa.

Los mensajeros salieron de Susa apresurados por orden del rey, montados sobre veloces corceles reales, y el decreto fue hecho ley desde la fortaleza de Susa.

- **Ester 8:15**

Entonces Mardoqueo salió de la presencia del rey en vestiduras reales de azul y blanco, con una gran corona de oro y un manto de lino fino y púrpura; y la ciudad de Susa dio vivas y se regocijó.

Este versículo es muy significativo pues nos demuestra la realidad de la ilustración con respecto a Mardoqueo. Este hemos dicho en el relato de este libro, nos tipifica a Cristo y en estos momentos en su estado de exaltación. Mardoqueo nos dice el versículo salió de la presencia del rey revestido de vestiduras reales, de azul y blanco, con una gran corona de oro sobre su cabeza, con un manto de lino fino y purpura. Vimos a Mardoqueo en su estado de humillación, vestido de cilicio y ceniza pero ahora lo vemos exaltado. Exaltado no olvidemos por el rey, de la misma manera fue Cristo exaltado por Dios y le fue dado un nombre el cual es sobre todo nombre. Al ver a Mardoqueo toda la ciudad se regocijo y había gran alegría en Susa.

El Señor Jesucristo vino al mundo en un estado de humillación y durante sus treinta y tres años de vida vivió en un estado de Siervo, por voluntad del Padre y con consentimiento suyo, Jesucristo vino sabiendo que su estado de humillación seria solo por cortos días comparado con el gran gozo que había sido presentado delante de El.

Hebreos 12:2
puestos los ojos en Jesús, el autor y consumador de la fe, quien <u>por el gozo puesto delante de El</u> soportó la cruz, menospreciando la vergüenza, y se ha sentado a la diestra del trono de Dios.

Sentado a la diestra de Dios, ¿de qué manera mejor ilustrarlo que con Mardoqueo siendo exaltado a la diestra del rey?

- **Ester 8:16**

Para los judíos fue día de luz y alegría, de gozo y gloria.

Para el pueblo judío, las noticias de la exaltación de Mardoqueo por el rey, eran de gran alegría y gozo, además de las noticias de que este había hecho un decreto aprobado por el rey que aseguraría la sobrevivencia del pueblo judío, para el pueblo judío dice el versículo, fue un día de LUZ y alegría, gozo y gloria. Solo me recuerdo de este versículo en el libro de hechos;

Hechos 2:33
Así que, <u>exaltado a la diestra de Dios</u>, y <u>habiendo recibido</u>
<u>del Padre la promesa del Espíritu Santo</u>, ha derramado esto
que vosotros veis y oís.

Este día fue para los judíos un día de alegría, gozo, luz y
gloria. La luz del evangelio, de las buenas nuevas había
llegado a sus vidas. Habían estado bajo el terror de la ley
pero ahora respiro, aliento, luz y gozo, las buenas nuevas
traían salvación. El nuevo decreto hecho ley a través de
Mardoqueo les había libertado de la condenación segura
por la primera ley.

•   **Ester 8:17**

En cada provincia, en cada ciudad y en todo lugar adonde
llegaba el mandato del rey y su decreto había alegría y gozo
para los judíos, banquete y día festivo. Y muchos de entre
los pueblos de la tierra se hicieron judíos, porque había
caído sobre ellos el temor de los judíos.

En cada provincia y en cada ciudad donde llegaba el decreto
del rey, los judíos gozaban de gran alegría y felicidad.
Hacían banquete y día de fiesta. El temor de los judíos
había caído sobre todos los lugares y sobre todos los pueblos
que aún muchos de sus residentes se hicieron judíos.

Una vez que una persona viene al conocimiento de Cristo,
de la misma manera como el pueblo judío rompió en
alegría y gozo, de la misma manera el hombre penitente se
alegra y da gracias a Dios por la liberación que ha recibido.

El pueblo judío había sentido el terror y la angustia a causa de la ley del rey, de la misma manera el cristiano tiembla ante la ley de Dios y una vez ve el decreto en las Escrituras de la liberación que hay del peso de la ley en Cristo Jesús, rompe en gozo y gran alegría, en agradecimiento a Dios por la salvación que es en Cristo Jesús. Gran celebración tiene el hombre penitente cuando es traspasado del peso y condenación de la ley a la libertad que hay en Cristo Jesús. La ley del Espíritu y Vida que hay en Cristo Jesús le liberta del peso de la culpabilidad de la ley. Todo cristiano paso por esta etapa, de la ley a la gracia. El pueblo judío que representa la iglesia de Jesucristo, paso de la condenación a la muerte por el primer edicto del rey, a la gracia a través de la segunda ley proclamada por el rey a través de Mardoqueo. Nuevamente el versículo;

Romanos 8:2
Porque la ley del Espíritu de vida en Cristo Jesús te ha libertado de la ley del pecado y de la muerte.

La ley de Dios nos condena debido a que nos es imposible por nuestra naturaleza caída cumplir con sus demandas. La única solución para nosotros es una nueva ley, esta es, la ley del Espíritu de vida en Cristo Jesús. Esto está claramente ilustrado por el pueblo judío bajo condenación de muerte debido a la primera ley y luego la ley del Espíritu de Vida en Cristo Jesús ilustrado por la nueva ley hecha por Mardoqueo.

El decreto que llegaba a cada nación y a cada pueblo era las buenas nuevas del evangelio de Jesucristo, el único medio por el cual el ser humano puede ser librado de la condenación de la ley de Dios y salvado de sus consecuencias. El evangelio de Jesucristo donde llega con convicción a alguno de los escogidos de Dios, produce gran alegría e inmenso alivio pues el cristiano sabe que a través de Cristo, él ha sido librado de la condenación de la ley.

Capitulo 9

- *Ester 9:1*

En el mes doce (es decir, el mes de Adar), el día trece cuando estaban para ejecutarse el mandato y edicto del rey, el mismo día que los enemigos de los judíos esperaban obtener dominio sobre ellos, sucedió lo contrario, porque fueron los judíos los que obtuvieron dominio sobre los que los odiaban.

En el día trece del mes doce, al momento de ejecutarse la ley del rey que estaba en contra de los judíos, los que pretendían destruir a los judíos pensaron poder tener victoria sobre ellos pero sucedió lo contrario, fueron los judíos los que obtuvieron dominio y victoria sobre sus enemigos. Los enemigos de los hijos de Dios, pueden tratar diversas maneras de destruirnos pero nosotros tenemos siempre la ventaja, tenemos a alguien mucho más grande y glorioso que Mardoqueo en presencia del Rey, tenemos a Jesucristo, fiel Sumo Sacerdote que intercede por nosotros ante Dios.

- *Ester 9:2*

Se reunieron los judíos en sus ciudades por todas las provincias del rey Asuero para echar mano a los que

buscaban su daño; y nadie podía oponérseles, porque el
temor a ellos había caído sobre todos los pueblos.

Todos los judíos en todas las provincias y pueblos se
reunieron para pelear contra sus enemigos y contra los
que buscaban su destrucción, y en ningún lugar se le
podían oponer porque el temor de ellos había caído sobre
todo pueblo. Los hijos de Dios son más que vencedores,
nada los puede destruir, ni vida, ni muerte, ni principados,
ni potestades, ni el pasado, ni el futuro como dice en las
escrituras;

Romanos 8:38-39
Porque estoy convencido de que ni la muerte, ni la vida,
ni ángeles, ni principados, ni lo presente, ni lo por venir,
ni los poderes,
(39) ni lo alto, ni lo profundo, ni ninguna otra cosa creada
nos podrá separar del amor de Dios que es en Cristo Jesús
Señor nuestro.

- **Ester 9:3**

Y todos los príncipes de las provincias, los sátrapas, los
gobernadores y los que manejaban los negocios del rey
ayudaron a los judíos, porque el temor a Mardoqueo había
caído sobre ellos,

Mardoqueo había sido exaltado grandemente por el
rey, por ende gran temor había caído sobre todos los
gobernadores y oficiales, sátrapas y príncipes de todas las
provincias. Todos ellos ayudaban a los judíos pues sabían

que Mardoqueo quien había sido nombrado por el rey era también un judío, y sabían que el rey estaba del lado de Mardoqueo y de Ester su reina quien también era judía. Estos temían atacar a los judíos seguramente por miedo a que el rey y Mardoqueo se levantara contra ellos.

- **Ester 9:4**

pues Mardoqueo era grande en la casa del rey, y su fama se había extendido por todas las provincias, porque Mardoqueo se hacía más y más grande.

Mardoqueo había sido exaltado más que cualquiera de los príncipes del rey. Su fama crecía por todas las provincias del reino, porque se hacía cada vez más grande. Mardoqueo es una ilustración del Señor Jesucristo y de su majestuosa exaltación. El rey lo había engrandecido a su lado de tal manera que Mardoqueo era segundo en el reino, eso lo veremos más claramente en los siguientes versículos.

- **Ester 9:5**

Y los judíos hirieron a todos sus enemigos a filo de espada, con matanza y destrucción; e hicieron lo que quisieron con los que los odiaban.

Los judíos mataron a todos sus enemigos a filo de espada, e hicieron lo que quisieron con los que habían buscado su mal. Gran victoria vino sobre los judíos y todos los que quisieron su mal fueron derrotados.

- **Ester 9:6**

En la fortaleza de Susa los judíos mataron y destruyeron a quinientos hombres,

En la ciudad de Susa solamente los judíos mataron a 500 hombres, se piensa que estos al mando de los 10 hijos de Aman.

- **Ester 9:7-9**

(7) también a Parsandata, Dalfón, Aspata,

(8) Porata, Adalía, Aridata,

(9) Parmasta, Arisai, Aridai y Vaizata,

Estos son los nombres persas de los diez hijos de Aman, los cuales se piensa estuvieron además de los 500 hombres que los judíos mataron en la ciudad de Susa.

- **Ester 9:10**

los diez hijos de Amán, hijo de Hamedata, enemigo de los judíos; pero no echaron mano a los bienes.

Estos hombres que fueron mencionados, son los diez hijos de Aman los cuales también murieron juntamente con los 500 hombres que los judíos mataron en la ciudad de Susa. Los judíos no tocaron los bienes de estos diez hombres.

- *Ester 9:11*

Aquel mismo día comunicaron al rey el número de los que fueron muertos en la fortaleza de Susa.

Ese mismo día le comunicaron al rey el número de los que habían sido muertos en la fortaleza de Susa o más bien en la ciudad de Susa y no en el palacio.

- *Ester 9:12*

Y el rey dijo a la reina Ester: En la fortaleza de Susa los judíos han matado y exterminado a quinientos hombres y a los diez hijos de Amán. ¡Qué habrán hecho en las demás provincias del rey! ¿Cuál es tu petición ahora? Pues te será concedida. ¿Qué más quieres? También te será hecho.

El rey le conto a la reina Ester que solo en la ciudad de Susa 500 hombres habían sido muertos por los judíos junto con los diez hijos de Aman, y que quien sabe le dijo, cuantos más en las demás provincias del rey. El rey le pregunto a la reina si tenía alguna petición más pues le sería hecha.

- *Ester 9:13*

Entonces Ester dijo: Si le place al rey, que mañana también se conceda a los judíos que están en Susa hacer conforme al edicto de hoy; y que los diez hijos de Amán sean colgados en la horca.

La reina Ester le dijo al rey si era posible, si le placía al rey, que al día siguiente, o sea el 14 del mes doce, se hiciera nuevamente como el día trece, y que los judíos destruyeran a todos los que trataran de destruirlos a ellos. También pidió que los cuerpos de los diez hijos de Aman fueran colgados en la horca. La reina Ester buscaba la completa destrucción de los enemigos de los judíos, y pidió al rey dejar a los diez hijos de Aman colgados en la horca como ejemplo para que todos vieran lo qué ocurre con los que se atreven a meterse con los judíos. Cuanto más no es esto cierto de los hijos de Dios que tienen a Dios y a Su Unigénito Hijo a su lado. Dios como máxima autoridad tiene a Su Hijo a su diestra para interceder por ellos, ¿no es esto maravillosamente ilustrado por el rey y Mardoqueo a su lado para interceder por los judíos?, o ¿no son los judíos verdaderos los que han sido circuncidados en el corazón por el Espíritu Santo?;

Romanos 2:28-29
(28) Porque no es judío el que lo es exteriormente, ni la circuncisión es la externa, en la carne;
(29) sino que es judío el que lo es interiormente, y la circuncisión es la del corazón, por el Espíritu, no por la letra; la alabanza del cual no procede de los hombres, sino de Dios.

- *Ester 9:14*

El rey ordenó que así se hiciera; y un edicto fue promulgado en Susa, y los diez hijos de Amán fueron colgados.

El rey ordeno pues que así se hiciera, que el día catorce fuera también igual que el día trece, día de venganza contra todos los que buscaren el mal de los judíos, fue hecho un decreto y los diez hijos de Aman fueron colgados como ejemplo para todos.

- **Ester 9:15**

Los judíos que se hallaban en Susa se reunieron también el día catorce del mes de Adar y mataron a trescientos hombres en Susa, pero no echaron mano a los bienes.

El día catorce del mes de Adar, el mes doce, los judíos que estaban en Susa se reunieron y mataron a 300 hombres de Susa, sin embargo no tocaron los bienes de ellos.

- **Ester 9:16**

Y los demás judíos que se hallaban en las provincias del rey se reunieron para defender sus vidas y librarse de sus enemigos; y mataron a setenta y cinco mil de los que los odiaban, pero no echaron mano a los bienes.

El resto de los judíos en las provincias del reino se habían reunido para pelear, defendiendo sus vidas y deshaciéndose de sus enemigos. En total mataron a 75,000 de sus enemigos que le odiaban, sin embargo no tomaron para sí de sus bienes. Esto sucedió en el día trece del mes doce.

- ## *Ester 9:17*

Esto sucedió el día trece del mes de Adar, y el día catorce descansaron, y lo proclamaron día de banquete y de regocijo.

La matanza afuera de Susa, en las 127 provincias del reino fue en el día trece del mes de Adar o mes doce, y los judíos en las provincias celebraron el día catorce con gran alegría y gozo.

- ## *Ester 9:18*

Pero los judíos que se hallaban en Susa se reunieron el trece y el catorce del mismo mes, y descansaron el día quince y lo proclamaron día de banquete y de regocijo.

Los judíos en Susa pelearon contra sus enemigos en ambos días, el trece y el catorce del mes doce, por solicitud de la reina. Y proclamaron el día quince como día de descanso, banquete y regocijo. Fuera de Susa en las provincias la celebración fue el día catorce.

- ## *Ester 9:19*

Por eso los judíos de las áreas rurales, que habitan en las ciudades abiertas, proclaman el día catorce del mes de Adar día festivo para regocijarse, hacer banquetes y enviarse porciones de comida unos a otros.

Los judíos en las áereas rurales, en las provincias del rey, proclamaron el día catorce del mes de Adar, el mes doce, como día festivo para gozarse, hacer banquete e intercambiarse comida.

- **Ester 9:20**

Entonces Mardoqueo escribió estos hechos, y envió cartas a todos los judíos que se hallaban en todas las provincias del rey Asuero, tanto cercanas como lejanas,

Mardoqueo escribió los hechos y envió cartas a todos los judíos en todas las provincias del rey, lejos y cercanas.

- **Ester 9:21**

ordenándoles que celebraran anualmente el día catorce del mes de Adar, y el día quince del mismo mes,

Ordenando que se celebrara los días catorce tanto como el quince del mismo mes, mes de Adar o mes doce, ya que en estos días el pueblo judío descanso de sus enemigos en derredor.

- **Ester 9:22**

porque en esos días los judíos se libraron de sus enemigos, y fue para ellos un mes que se convirtió de tristeza en alegría y de duelo en día festivo. Los harían días de banquete y de regocijo, para que se enviaran porciones de comida unos a otros e hicieran donativos a los pobres.

La celebración en estos dos días fue porque en esos días los judíos se libraron de sus enemigos. Fue para los judíos un mes que se convirtió de tristeza a alegría y de duelo a día de fiesta. Los judíos harían de estos dos días, días de regocijo, de celebración y gozo, banquete y alegría. Se celebraría enviando porciones de comida entre ellos, y con ayuda a los pobres.

- **Ester 9:23**

Así los judíos llevaron a cabo lo que habían comenzado a hacer, y lo que Mardoqueo les había escrito.

Los judíos llevaron a cabo todo lo que Mardoqueo en sus cartas le había enviado a decir. Los judíos en las provincias llevaron a cabo su defensa en el día trece y celebraron en el día catorce.

- **Ester 9:24**

Pues Amán, hijo de Hamedata, agagueo, enemigo de todos los judíos, había hecho planes contra los judíos para destruirlos, y había echado el Pur, es decir, la suerte, para su ruina y destrucción.

Esta celebración era porque Aman el enemigo de los judíos había hecho planes para destruir a los judíos y había echado suertes, el Pur, en búsqueda de la destrucción y ruina de ellos.

- *Ester 9:25*

Pero cuando esto llegó al conocimiento del rey, éste ordenó por carta que el perverso plan que había tramado contra los judíos recayera sobre su cabeza, y que él y sus hijos fueran colgados en la horca.

Sin embargo cuando esto, el plan de Aman, llego al conocimiento del rey, este ordeno por medio de cartas que el plan perverso de Aman recayera sobre su propia cabeza, y que sus hijos terminaran colgados en la horca como él también lo fue, específicamente sobre la horca que el mismo había preparado para Mardoqueo.

El diablo quiso destruir a los hijos de Dios, sin embargo su perverso plan ha venido a ser su propia destrucción. Como dijimos anteriormente, el plan de Aman resulto ser el medio para su propia destrucción. Cuando Satanás hirió el calcañar de Cristo, en ese mismo lugar, en la cruz del calvario, Cristo le destruyo la cabeza. Con la muerte Cristo venció al que tenía el poder de la muerte, con su propia arma Cristo lo venció.

- *Ester 9:26*

Por eso estos días son llamados Purim, por el nombre Pur. Y a causa de las instrucciones en esta carta, tanto por lo que habían visto sobre este asunto y por lo que les había acontecido,

Por eso esos días de celebración se llaman Purim, por el término Pur que significa suerte. Y por las instrucciones que había en esa carta que describía lo que los judíos habían visto y por lo que habían pasado.

- *Ester 9:27*

los judíos establecieron e hicieron una costumbre para ellos, para sus descendientes y para todos los que se aliaban con ellos, de que no dejarían de celebrar estos dos días conforme a su ordenanza y conforme a su tiempo señalado cada año.

Los judíos establecieron para sí mismos una costumbre, para ellos y sus descendientes, y todos los que se unieran a ellos, de no dejar de celebrar estos dos días, trece y catorce del mes Adar, mes doce. Establecieron para sí mismos estos días como días de celebración, que no dejaran de celebrarlos, sin faltar, en su tiempo señalado, trece y catorce del mes de Adar conforme a su ordenanza, especificado por Mardoqueo en su carta a todos los judíos del reino.

- *Ester 9:28*

Así estos días serían recordados y celebrados por todas las generaciones, por cada familia, cada provincia y cada ciudad; para que estos días de Purim no dejaran de celebrarse entre los judíos, ni su memoria se extinguiera entre sus descendientes.

De esta manera esos días serian recordados y celebrados por todos los judíos en todas sus generaciones, cada familia en cada provincia, pueblo y ciudad. Para que jamás se les olvidara lo que ocurrió en esos días, y para que fuera celebrado por siempre entre los judíos.

- ### Ester 9:29

Entonces la reina Ester, hija de Abihail, y el judío Mardoqueo escribieron con toda autoridad para confirmar esta segunda carta acerca de Purim.

La reina Ester y Mardoqueo escribieron una segunda carta a todas las provincias del reino para instituir esos días del Purim, celebración que hasta el día de hoy los judíos celebran. Esta segunda carta era para establecer los días de la celebración en memoria de la gran liberación de los judíos.

- ### Ester 9:30

Y se enviaron cartas a todos los judíos, a las ciento veintisiete provincias del reino de Asuero, palabras de paz y de verdad,

Las cartas salieron de Susa hacia las veintisiete provincias del reino del rey Asuero, con palabras de paz y de verdad para todos los judíos. Estas estableciendo la costumbre de la celebración de estos días.

- ***Ester 9:31***

para establecer estos días de Purim en sus tiempos señalados, tal como habían establecido para ellos el judío Mardoqueo y la reina Ester, según habían fijado para ellos y sus descendientes, con instrucciones para sus tiempos de ayuno y de lamentaciones.

Estas cartas tenían como fin establecer los días de la celebración del Purim en sus tiempos señalados de la manera como había sido establecido por Mardoqueo y la reina Ester, también establecía las instrucciones para su fecha y tiempos para ayuno y lamentación.

- ***Ester 9:32***

El mandato de Ester estableció estas costumbres acerca de Purim, y esto fue escrito en el libro.

Como festival que había de ser celebrado en su tiempo por todas las generaciones y sus instrucciones para todos los judíos en todas las provincias del reino. Y fue escrito en el libro, ¿cuál libro es este?, se presume en el libro bíblico de Ester. Otros creen en el libro de las Crónicas de los reyes de Media y Persia

Capítulo 10

- *Ester 10:1*

El rey Asuero impuso tributo sobre la tierra y sobre las costas del mar.

Y el rey Asuero impuso tributo sobre todo su territorio, las veintisiete provincias y las costas de su reino. Se piensa que el descanso mencionado en Ester 2:18 declarado por el rey en honor a su nueva reina Ester, era un descanso de impuestos cosa que fue ahora reanudado.

- *Ester 10:2*

Y todos los actos de su autoridad y poder, y todo el relato de la grandeza de Mardoqueo, con que el rey le engrandeció, ¿no están escritos en el libro de las Crónicas de los reyes de Media y Persia?

Y todos los hechos de Mardoqueo y de su gran autoridad y poder, la historia de su grandeza, con la cual el rey lo engrandeció, fueron escritas en libro de las Crónicas de los reyes de Media y Persia. Mardoqueo había sido exaltado por el rey quien le había dado gran poder y majestad.

Todo esto ilustra la grandeza del Señor Jesucristo y como Dios el Padre enalteció a Su Hijo dándole toda autoridad y poder y dominio sobre toda cosa creada sea en los cielos o en la tierra o debajo de la tierra.

Apocalipsis 5:13
Y a toda cosa creada que está en el cielo, sobre la tierra, debajo de la tierra y en el mar, y a todas las cosas que en ellos hay, oí decir: Al que está sentado en el trono, y al Cordero, <u>sea la alabanza, la honra, la gloria y el dominio por los siglos de los siglos</u>.

Efesios 1:20-21
(20) el cual obró en Cristo cuando le resucitó de entre los muertos <u>y le sentó a su diestra en los lugares celestiales</u>, (21) muy por encima de todo principado, autoridad, poder, dominio y de todo nombre que se nombra, no sólo en este siglo sino también en el venidero.

- *Ester 10:3*

Porque el judío Mardoqueo era el segundo después del rey Asuero, grande entre los judíos y estimado por la multitud de sus hermanos, el cual buscó el bien de su pueblo y procuró el bienestar de toda su gente.

Mardoqueo había sido exaltado por el rey y puesto por segundo después de él. Había venido a ser grande entre los judíos y estimado por la multitud de sus hermanos porque había buscado el bien de su pueblo y procuro el bienestar de toda su gente.

Esto ilustra al Señor Jesucristo quien busco el bien de todo su pueblo y el bienestar de su gente. Dios Padre del Señor Jesucristo lo envió con la misión de rescatar a un pueblo escogido. Así como Mardoqueo había librado a su pueblo de la condenación de la ley del rey, Dios envió a Su Hijo Jesucristo a rescatar a su pueblo de sus pecados y de la condenación de la ley. Cristo, nacido bajo la ley, cumplió a cabalidad la ley de Dios para proveer una justicia imputable a su pueblo. Toda la historia de Mardoqueo nos ilustra la redención que hay en Cristo Jesús, y la liberación que nos dio de la ley divina, El muriendo en la cruz, exhibió al diablo y a los principados y potestades, triunfando sobre ellos en esa cruz, dándonos a nosotros una salvación completa, así como la liberación de los judíos de la segura muerte, Cristo Jesús ilustrado por Mardoqueo nos libró de la condenación, de la ira de Dios por nuestros pecados, los cuales eran transgresiones de la ley. Dios siempre ha tenido un pueblo escogido y esta es la historia de ellos y de la gran liberación de su Salvador Jesucristo.

Mateo 1:21
Y dará a luz un hijo, y le pondrás por nombre Jesús, porque El salvará a su pueblo de sus pecados.

Conclusión

El Señor Jesucristo les dijo a sus discípulos antes de ascender al Padre, que dé Él estaba escrito en todas las Escrituras, en la ley, los profetas y en los salmos. Luego les abrió el entendimiento para que comprendieran las Escrituras, como vemos en el evangelio según San Lucas;

Lucas 24:44-45
(44) Y les dijo: Esto es lo que yo os decía cuando todavía estaba con vosotros: que era necesario que se cumpliera todo lo que sobre mí está escrito en la ley de Moisés, en los profetas y en los salmos.
(45) Entonces les abrió la mente para que comprendieran las Escrituras,

El libro de Ester no es la excepción, por todo el libro vemos en manera ilustrada la humillación de Jesucristo, sus días en la tierra y también su exaltación a la diestra del Padre. También vemos la condición del pueblo escogido de Dios el cual es tipificado por el pueblo judío, en su etapa de condenación bajo la ley, y en su etapa de liberación de la ley gracias al Señor Jesucristo. Algunos dirán que tipificaciones son solo aquellas ilustraciones donde en el nuevo testamento se les declara como tal, sin embargo las cosas que hemos visto serian una gran coincidencia y un grave error ignorarlas ya que tan efectivamente ilustran las verdades que claramente son tomadas por dogmas doctrinales en el nuevo testamento.

- La Exaltación de Jesucristo a la diestra del Padre Ilustrado por Mardoqueo exaltado a la diestra del rey.
- La humillación de Jesucristo al venir a este mundo Mardoqueo vestido de ceniza y cilicio, sin poder entrar al palacio del rey.
- La doctrina de la elección, ilustrada en la elección de Ester.
- La condición de condenación del pueblo escogido por Dios bajo la ley de Dios, ilustrado por el edicto en su contra, Aman tomando ocasión del mismo para destruirlos.
- La liberación de las consecuencias de la transgresión de la ley gracias al Sacrificio de Cristo, ilustrado por la gran liberación de esta condenación a través de Mardoqueo.

Estas cosas están escritas para que nuestra fe crezca en el Hijo de Dios. Para que comprendamos cuán grande ha sido la salvación de Dios a través de nuestro Salvador Jesucristo. La seriedad y severidad de la ley que hemos quebrantado solicitaba nada menos que el derramamiento de la Sangre del propio Hijo de Dios. El libro de Ester nos ayuda a ver esta condición en que el pueblo de Dios se encuentra por quebrantar sus edictos, y también nos demuestra la historia de la redención, y como Dios a través de Jesucristo nos libró de una muerte segura. Ester es un libro en donde Dios ilustra la realidad de la redención, en términos que nosotros podemos comprender. El evangelio esta explícito en las páginas del nuevo testamento pero aun así, para nuestra mejor comprensión, Dios ilustra sus realidades a través de historias que encontramos en el antiguo testamento.

Para cualquier pregunta u opinión puede dirigirse al autor a la siguiente dirección:

Víctor Manuel Juliao
manadesierto@hotmail.com
Direccion: Seroe Biento 27ª, Aruba
Tel.: (297) 594 6662

Printed in the United States
By Bookmasters